Reni & Marcel Kaspar

AUSTRALIEN ROADTRIPS

32 außergewöhnliche Routen abseits der ausgetretenen Pfade

360° medien

IMPRESSUM
Australien – Roadtrips
32 außergewöhnliche Routen abseits der ausgetretenen Pfade
Reni & Marcel Kaspar

Bibliografische Information der Deutschen Bibliothek
Die Deutsche Bibliothek verzeichnet diese Publikation in der deutschen Nationalbibliografie. Detaillierte bibliografische Daten sind im Internet über portal.dnb.de abrufbar.

Redaktion und Lektorat: Christine Walter

Satz und Layout: Serpil Sevim-Haase, Lucas Walter

Gedruckt und gebunden:
Himmer GmbH Druckerei & Verlag | Steinerne Furt 95 | 86167 Augsburg
www.himmer.de

Bildnachweis: Alle Bilder stammen von Reni und Marcel Kaspar

ISBN: 978-3-947164-78-3
Hergestellt in Deutschland

www.360grad-medien.de

Reni & Marcel Kaspar

AUSTRALIEN
ROADTRIPS

32 außergewöhnliche Routen abseits der ausgetretenen Pfade

360° medien

Vorwort

Suchen Sie das Abenteuer? Lieben Sie es auf einsamen Strecken zu fahren, wo sie unter Umständen keiner Menschenseele begegnen? Und das tagelang? In diesem Buch finden Sie genau das. 32 Routenvorschläge zu historisch relevanten Stätten, einsamen und abgelegenen Orten, zu wunderschönen Nationalparks und mitten durch die atemberaubende Natur Australiens. Einige Strecken sind einfach und dauern nur wenige Stunden, andere gehen auf anspruchsvollen Offroad-Pisten durch harsches Land und abseits der üblichen Route.

Die Top-Sehenswürdigkeiten von Australien sind faszinierend. Deshalb muss man an den bekannten Attraktionen das Erlebnis oft auch mit Massen von anderen Touristen teilen. Um die beliebtesten Touristenziele geht es in diesem Buch nicht. Vielmehr zeigen wir auf, dass es auch auf unbekannteren Strecken Spannendes zu erleben gibt. Dabei geht es weniger um die Attraktionen, sondern um die Reise dahin. Die Fahrt ist bereits ein besonderes Erlebnis. So sind die Roadtrips in diesem Buch ganz nach dem Motto: Der Weg ist das Ziel.

Wir sind während drei Reisejahren kreuz und quer durch Australien gereist. Insgesamt haben wir 125.000 Kilometer zurückgelegt und viele Ecken von Australien erlebt. Und noch immer gibt es Dinge, die wir noch nicht gesehen haben. Die 32 Routenvorschläge sind eine gute Auswahl, aber lange nicht abschließend. In Australien gibt es noch soviel mehr zu entdecken, sodass man gut mehrere Bücher füllen könnte. Mehr über Australien finden sie auch auf unserem Reiseblog www.swissnomads.ch

Planen Sie eine Reise durch Australien und wollen das Land abseits der ausgetretenen Pfade entdecken? Nehmen Sie diesen kompakten Reiseführer im Taschenbuchformat mit und erleben sie Down Under weg von den Massen!

Wir wünschen Ihnen viel Vergnügen und eine gute, sichere Fahrt.

Reni und Marcel Kaspar

Inhaltsverzeichnis

Christmas Island
Darwin
Timorsee
7.
6.
5.
NORTHERN TERRITORY
AUSTRALIEN
WESTERN AUSTRALIA
Perth
Indischer Ozean
Große Australische Bucht
KAPITEL
1. QUEENSLAND
2. NEW SOUTH WALES
3. VICTORIA
4. TASMANIA
5. SOUTH AUSTRALIA
6. NORTHERN TERRITORY
7. WESTERN AUSTRALIA

1.
Golf von Carpentaria
Südpazifischer Ozean
Korallenmeer
e Springs
QUEENSLAND
2.
Brisbane
SOUTH AUSTRALIA
NEW SOUTH WALES
Sydney
Adelaide
Canberra
ACT
VICTORIA
3.
Melbourne
Tasmanische See
4.
Bass-Straße
TASMANIA
Hobart

Queensland

1. Auf dem Old Telegraph Track ans Cape York: 4WD-Abenteuer zum nördlichsten Punkt Australiens
2. Boodjamulla National Park: Oase fernab der Zivilisation
3. Von der Minenstadt Mount Isa in die Outback-Stadt Birdsville

Boodjamulla National Park

Cape York
1. Old Telegraph Track
Südpazifischer Ozean
Golf von Carpentaria
Korallenmeer
Cairns
Burketown
2. Boodjamulla National Park
Townsville
Mount Isa
3. Mount Isa – Birdsville
Emerald
QUEENSLAND
Birdsville
Simpson Desert Conservation park

1. Auf dem Old Telegraph Track ans Cape York: 4WD-Abenteuer zum nördlichsten Punkt Australiens

Einmal im Leben am nördlichsten Punkt Australiens zu stehen, ist der Traum fast aller Australier und Touristen. Offroad-Enthusiasten aus aller Welt zieht jedoch nicht nur dieser markante Ort an – neben der breiten unbefestigten Straße gibt es nämlich eine äußerst anspruchsvolle 4WD-Strecke. Sie heißt Old Telegraph Track und führt an einer alten Telegrafenleitung entlang. Mit schwierigen Flussdurchquerungen, schlammigen und ausgewaschenen Passagen ist der Old Telegraph Track die perfekte Spielwiese für erfahrene 4WD-Fahrer.

Landschaftlich ist das Cape York absolut spannend. Ein wildes, tropisches Gebiet mit roter Erde, Flächen mit trockenen Wiesen und Termitenhügeln, die schließlich in undurchdringbaren Regenwald übergehen. An der Küste prägen Mangroven und Flüsse die Landschaft. Wer die Reise ans Cape York auf sich nimmt, wird mit abwechslungsreicher, tropischer Natur belohnt.

Peninsula Developmental Road

Felsenzeichnungen der Ureinwohner bei Laura

Wer einmal im Leben am Cape York stehen will, kann auf der Peninsula Developmental Road (PDR), der Telegraph Road und der Bamaga Road bis zum nördlichsten Punkt von Australien fahren. Die unbefestigte Straße wurde die letzten Jahre stark verbessert und ausgebaut.

Wer jedoch Abenteuer und Nervenkitzel sucht, findet beides auf der Fahrt entlang des Old Telegraph Track (OTT). Im Folgenden wird die Strecke von Cooktown bis ans Cape York über den OTT beschrieben. Zudem gibt es Informationen zu lohnenswerten Abstechern entlang der Strecke, unter anderem befinden sich ein paar spannende 4WD-Strecken auf der Halbinsel. Von Cooktown empfiehlt sich der Abstecher durch den Rinyirru National Park. Der direkte Weg von Cooktown zum Rinyirru National Park erfolgt über die Endeavour Valley Road, knapp 40 Kilometer in nordwestlicher Richtung und weiter auf der Endeavour Battle Camp Road. Auf der unbefestigten Schotterstraße kommt man nach 75 Kilometern zur Old Laura Homestead, die zum Nationalpark gehört. Auf dem Weg dahin gibt es bereits die ersten Flussdurchquerungen. Die Landschaft ist geprägt von roter Erde, Grasfeldern und Termitenhügeln. Kurz nach der Homestead verzweigt sich die Straße erneut. Hier kann man entweder weiter auf der Lakefield Road bis nach Musgrave fahren oder nach Laura abbiegen, wo man auf die gut ausgebaute PDR trifft.

Einfacher, aber weniger spannend ist die Fahrt von Cooktown über den Mulligan Highway bis Lakeland und weiter auf der Peninsula Developmental Road (PDR) bis Laura. In Laura hat man die Wahl, entweder auf der gut ausgebauten PDR weiter bis Musgrave zu fahren oder auf der Endeavour Battle Camp Road nach Old Laura und zum Rinyirru National Park abzubiegen.

Die nächsten Stationen entlang der PDR sind der verschlafene Ort Coen, wo es Einkaufs- und Tankmöglichkeiten gibt, und das Archer River Roadhouse. Das Roadhouse ist bekannt für große und schmackhafte Burger. Einen Campingplatz gibt es ebenfalls. Weitere 50 Kilometer später auf der unbefestigten Straße kommt erneut eine Verzweigung. Wer ans Cape York will, muss hier auf die Telegraph Road abbiegen. Nach 115 Kilometern auf roter Staubpiste erreicht man schließlich die Bramwell Junction und das gleichnamige Roadhouse. Hier startet das richtige 4WD-Abenteuer zum Cape York. Die Telegraph Road, viel bekannter unter dem Namen Old Telegraph Track (OTT) verläuft in nördlicher Richtung. Der OTT ist bekannt als überaus anspruchsvolle und abenteuerliche 4WD-Piste. Wer nicht auf die schwierige 4WD-Strecke will, kann auf die Northern Bypass Road ausweichen. Diese zweigt Richtung Osten ab.

Palm Creek

Früher war der Track Versorgungs- und Wartungspfad entlang der Telegrafenleitung. Ende der 1980er-Jahre wurden die Leitungen abgebaut und seither wird der Track nicht mehr unterhalten. Entstanden ist eine abenteuerliche 4WD-Strecke mit zahlreichen Flussquerungen und teils sehr steilen Auf- und Abfahrten. Auch schlammige und ausgewaschene Passagen erwarten einen. Die erste Schlüsselstelle folgt bereits zu Beginn und zwar gerade mal vier Kilometer nach dem Bramwell Junction Roadhouse: Der Palm Creek mit seiner steilen Böschung, die fast senkrecht ins Bachbett herunter führt. Die Piste ist rutschig und schlammig, was kontrolliertes Abwärtsfahren praktisch unmöglich macht. Volle Konzentration und fahrerisches Können werden vorausgesetzt. Eine falsche Reaktion kann im schlimmsten Fall das Fahrzeug zum Kippen bringen. Wichtig ist, ersten Gang einzulegen, Untersetzung zuzuschalten und langsam die Böschung herunterzufahren. Ist man einmal unten, gibt es ohne Winde und fremde Hilfe kein Zurück mehr. Das Abenteuer hat definitiv begonnen.

Gunshot

Ist die Abfahrt geschafft, folgt die Flussdurchfahrt und am Ende geht es steil die Böschung hoch. Bald gelangt man an die nächsten Flüsse. Ducie Creek, South Alice Creek, North Alice Creek und Dulhunty River. Das Wasser hat eine tiefe Schneise im Sand entstehen lassen. Nach einer engen Kurve führt der Track am Flussufer des Bertie Creek auf einer Felsplatte entlang. Während der Trockenzeit führt der Bertie Creek mäßig Wasser und das Furten ist relativ einfach. Schon bald folgt jedoch der berüchtigte Gunshot Creek mit der fast senkrechten Abfahrt. Am Gunshot Creek sind schon viele Fahrzeuge beschädigt worden. Das erkennt man auch an den vielen Autoteilen, die an den umgebenden Bäumen hängen. Wer nichts riskieren möchte, kann auf die Umfahrung ausweichen.

Fruit Bat Falls

Als nächstes gilt es den Cockatoo Creek zu durchqueren. Im Normalfall ist er einfach zu meistern dank dem festen Untergrund, einzig ist auf die tiefen Löcher zu achten, damit man nicht abrutscht oder stecken bleibt. Schon bald folgt die Sheldon Lagoon, eine Oase der Ruhe. Wer Glück hat, kann Schildkröten entdecken. Nun verläuft der OTT ein kurzes Stück auf der gut ausgebauten Bamaga Road, die von der Mehrheit der Reisenden auf dem Weg ans Cape York befahren wird. Zwei Abstecher, die man auf jeden Fall einplanen sollte, sind die Fruit Bat Falls und sieben Kilometer weiter die Elliot Falls und Twin Falls. Die Wasserfälle sind spektakulär und laden zu einem erfrischenden Bad ein.

Wer weiter auf dem OTT unterwegs ist, hat sechs weitere Flussdurchquerungen und die Fahrt über den Cypress Creek zu bewältigen. Über Letzteren gibt es eine schmale, wackelige Holzbrücke aus Baumstämmen. Zum Abschluss auf dem OTT gilt es noch den Logans Creek und den Nolans Creek zu meistern. Beide Flüsse sind eher tief. Im Zweifelsfall kann man auf die Bypass Road ausweichen.

Sobald man auf die Bamaga Road (Northern Bypass Road) trifft, ist der anspruchsvolle Old Telegraph Track zu Ende. Die Weiterfahrt erfolgt auf roter, staubiger Straße, die direkt zum Jardine River führt, den man mit der Fähre überquert. Der Fluss ist etwa 140 Meter breit und die Fahrt dauert weniger als eine Minute. Das Fährticket für Autos kostet 100 Dollar (hin und zurück), darin ist die Bewilligung zum Campen enthalten.

Auf der andern Flussseite des Jardine River geht es auf unbefestigter Staubstraße weiter bis nach Bamaga. In der Nähe von Bamaga kann man Überreste eines Beaufort-Bombers aus dem Zweiten Weltkrieg und ein Flugzeugwrack einer DC-3, das auf dem Flug von Brisbane nach Neuguinea abgestürzt ist, besichtigen. Von Bamaga sind es noch 34 Kilometer bis zum nördlichsten Punkt in Australien. Das Ziel ist in greifbarer Nähe. Das Gefühl ist unbeschreiblich, wenn man nach der langen, anstrengenden und spannenden Fahrt schließlich am *tip* des Cape York steht.

Info

Lage: Der Old Telegraph Track befindet sich auf der Halbinsel Cape York, wo sich der nördlichste Punkt von Australien befindet. Die Halbinsel umfasst eine Fläche von 137.000 Quadratkilometern und ist somit größer als Griechenland.

Anfahrt: Der Old Telegraph Track (OTT) verbindet Laura mit Bamaga, ganz im Norden des Kaps. Der anspruchsvolle Teil des OTT startet beim Bramwell Junction Roadhouse. Die meisten Fahren den OTT von Süd nach Nord.

Distanz: 846 km von Cooktown via Lakeland bis zum nördlichsten Punkt am Cape York auf dem Old Telegraph Track, 830 km von Cooktown via Old Laura (ohne Abstecher)

Reisedauer: 1 bis 2 Wochen (inkl. Abstechern zu Stränden und-einzelnen Nationalparks)

Öffnungszeiten: Während der Regenzeit sind Straßen und Nationalparks teilweise gesperrt. Je nach Saison ist die Halbinsel über mehrere Wochen vom Festland abgeschnitten. Informationen über aktuelle Situation der Straßenverhältnisse unter www.cook.qld.gov.au/services/roads/current-road-status und geplanter Wiedereröffnung von Nationalparks und Camping unter www.npsr.qld.gov.au/park-alerts

Beste Reisezeit: Juni bis Oktober

Eintritt: Fährticket (hin und zurück) über den Jardine River 100 AUD Autos, 130 AUD Auto mit Anhänger, 40 AUD Motorräder

Aktivitäten: Offroad-Abenteuer, Fischen, kulturelle Stätten, Camping

Geschichtliches: Geschichtliches: Vor über 40.000 Jahren wurde das Cape York von Aborigines besiedelt und noch heute machen sie über 50 % der Bevölkerung auf der Halbinsel aus.

Unterkünfte/Camping:

- Camping beim Old Laura Homestead, im Rinyirru National Park, Cape Melville National Park, Kutini-Payamu National Park, Jardine River National Park. Campingplätze in den Nationalparks müssen online oder telefonisch vorab gebucht werden. Es gibt auch die Möglichkeit in Informationszentren oder Self-Service-Kiosken zu buchen. 6,55 AUD p. P., www.nprsr.qld.gov.au
- Weitere Campingmöglichkeiten bei den Roadhouses in Musgrave, Archer River und Bramwell Station oder + entlang des OTT
- Campingplätze mit guter Infrastruktur und Duschen am *tip* des Cape York in Seisia und Loyalty Beach

Versorgung: Treibstoff und Lebensmittel gibt es in Coen und Bamaga. Im Archer River Roadhouse und Bramwell Junction besteht nur ein limitiertes Angebot.

Weitere 4WD-Tracks für Erfahrene: Chilli Beach im Kutini-Payamu National Park; Captain Billy's Track, ab Bamaga Road zum Captain Billy Landing; Frenchman's Track, ab Batavia Downs Ost; Cape Melville National Park Track, zwischen Kalpowar und Starcke Section von Mount Webb Wakooka Road; Maytown Road (Old Coach Road), ab Jowalbinna bis Maytown

***Achtung*:**

- Wer mit einem Mietfahrzeug unterwegs ist, sollte unbedingt mit dem Vermieter abklären, welche Strecken man fahren darf. Einige Mietfirmen verbieten die Fahrt auf dem Old Telegraph Track.
- Der OTT ist nur für Geländewagen mit hoher Bodenfreiheit zugänglich.
- Je nach Saison sind gewisse Flussdurchquerungen auf dem OTT nur mithilfe einer Winde und einem zweiten Fahrzeug machbar.
- Die Piste und die Flussdurchfahrten verändern sich von Jahr zu Jahr, bedingt durch die Regenzeit und die Anzahl der Fahrzeuge während der Saison.
- Straßen und Nationalparks können während der Regenzeit unzugänglich sein. Der Rinyirru National Park ist zum Beispiel nur von 1. Juni bis 30. November geöffnet. Informationen zu allen Nationalparks auf der Halbinsel: findapark.npsr.qld.gov.au
- Auf der Cape York Peninsula leben gefährliche Leistenkrokodile.
- Für gewisse Gebiete gibt es Alkoholrestriktionen.

2. Boodjamulla National Park: Oase fernab der Zivilisation

Der Boodjamulla National Park liegt alles andere als an der üblichen Reiseroute. Fernab der Zivilisation im Nordwesten von Queensland verbirgt sich ein spektakulärer Nationalpark. So kommen entweder Reisende her, die viel Zeit haben oder auf der Suche nach Abgeschiedenheit sind. Bei der Anfahrt würde man nicht meinen, dass sich in der sonst sehr trockenen Landschaft eine Oase befindet. Diese ist dank dem Lawn Hill Creek über Tausende von Jahren entstanden. Am schönsten kann man die spektakuläre Natur des Boodjamulla National Park mit dem Kanu entdecken.

Savannah Way

Auch wenn der Boodjamulla National Park nicht allzu einfach zu erreichen ist, ein Abstecher in die einsame Gegend lohnt sich allein schon wegen der Fahrt. Auf der gesamten Route gibt es faszinierende Landschaften und Flussdurchfahrten. Während der Trockenzeit sind zwar praktisch alle ausgetrocknet, nach ausgiebigen Regenfällen sieht es jedoch anders aus. Ein Geländewagen ist auf jeden Fall von Vorteil.

Känguru bei Gregory Downs

Der Boodjamulla National Park ist aus verschiedenen Richtungen erreichbar. Die meisten kommen über den Savannah Way von Burketown via Gregory Downs, Doomadgee oder vom Hells Gate aus westlicher Richtung zum Nationalpark. Die Anfahrt ist auch von Süden her, von Camooweal oder Mount Isa, möglich. Im Folgenden wird die Fahrt von Burketown zum Boodjamulla National Park und zurück zum Savannah Way beschrieben.

Die Anfahrt von Burketown startet in südlicher Richtung. Die ersten 26 Kilometer sind noch geteert, bevor es knapp 100 Kilometer auf der unbefestigten Wills Developmental Road bis Gregory Downs weitergeht. Nochmals rund 100 Kilometer Fahrt Richtung Westen führt durch karge Landschaft, endlose Weite und dürres Gras, das sich im Wind bewegt. Umso erstaunlicher ist es, wenn man im Boodjamulla National Park ankommt und auf eine üppige Vegetation stößt. Vom vielen Wasser, das ganzjährig im Lawn Hill Creek fließt, profitiert die Natur und lässt die Vegetation aufleben. Der Fluss bietet Lebensraum für Seerosen, tropische Pflanzen und Palmen sowie die Tierwelt. Vögel vergnügen sich im Wasser und auch Süßwasserkrokodile, Fische und Schildkröten leben in dieser Oase.

Lawn Hill Creek im Lawn Hill National Park

Im Nationalpark lohnt es sich die Wanderschuhe zu schnüren. Es gibt verschiedene lohnenswerte Wanderungen, die am Fluss entlang, durch üppige Landschaft, aber auch über karge Hügelzüge sowie auf das Plateau führen. Eine besonders gute Aussicht auf die Schönheit des Lawn Hill Creek und die Schlucht erhält man vom Duwadarri Lookout. Von oben hat man den Überblick auf die Indarri Falls, die Upper Gorge und die Middle Gorge. Auch sehenswert ist die Constance Range, wo der Wanderweg auf den Hügelzug führt und eine spektakuläre Panoramaaussicht auf die Umgebung bietet. Am schönsten ist es jedoch die Schlucht mit dem Kanu auf dem Wasser zu entdecken. Stromaufwärts kann man zwischen den roten Felswänden bis zu den Wasserfällen paddeln und ein erfrischendes Bad genießen. Um in die Upper Gorge zu gelangen, muss man das Kanu über Land ein kurzes Stück hochziehen.

Sobald man die Lawn Hill Gorge verlässt, dominiert wieder die Trockenheit. Die Fahrt durch die karge Landschaft ist trotzdem nicht langweilig. Mal steht eine Kuhherde wie angewurzelt da und schaut den vorbeifahrenden Fahrzeugen nach oder es gibt Greifvögel, die auf Nahrungssuche sind. Auch fahrtechnisch kann die Strecke anspruchsvoll sein. Je nach Saison ist die Piste extrem ausgewaschenen und holprig, ist jedoch die Straße gerade unterhalten worden, kann sie auch sehr einfach und angenehm zu fahren sein.

Zurück zum Savannah Way geht es 89 Kilometer in nördlicher Richtung, wo sich die Piste verzweigt. Hier heißt es rechts abbiegen und weitere 51 Kilometer der unbefestigten Straße folgen. Nach 51 Kilometern durch trockene Landschaft erreicht man schließlich die Aborigine-Community Doomadgee am Savannah Way.

Tipp für jene, die in südlicher Richtung weiterfahren: Im Norden des Parks dominiert die wunderschöne Landschaft mit viel Wasser. Im südlichen Teil bei Riversleigh stehen die Funde urzeitlicher Fossilien im Mittelpunkt. In diesem Gebiet wurden riesige Dinosaurierspuren und mehr als 250 Versteinerungen von verschiedenen Tierarten gefunden. Dies hat dazu geführt, dass das Gebiet in die Liste des Weltkulturerbes aufgenommen wurde.

Hells Gate Roadhouse

Aussicht auf die Upper Gorge

Info

Lage: im Nordwesten von Queensland

Anfahrt: auf dem Savannah Way von Osten her nach Burketown, südlich auf der Wills Developmental Road nach Gregory Downs und nach Westen bis zur Lawn Hill Gorge (213 km); vom Westen her kommend auf dem Savannah Way von Hells Gate nach Doomadgee, abbiegen Richtung Süden bis zur Lawn Hill Gorge (212 km)

Distanz: 345 km von Burketown zum Boodjamulla National Park bis Doomadgee und 442 km bis zum Hells Gate Roadhouse am Savannah Way

Reisedauer: 2 bis 3 Tage

Öffnungszeiten: immer; die Straße kann während der Regensaison gesperrt werden.

Eintritt: nichts

Beste Reisezeit: Mai bis Oktober

Aktivitäten: wandern, Kajak fahren (Kanus erhältlich im Adels Grove Camping Park, kostenpflichtig, adelsgrove.com.au/facilities-and-services/activities), schwimmen, relaxen, Tiere beobachten und Felsmalereien bewundern; wer sich für urzeitliche Fossilien interessiert, kann einen Abstecher nach Riversleigh (48 km südöstlich von Adels Grove) einplanen.

Unterkünfte/Camping:

- Campingplätze in Bourketown und im Hells Gate Roadhouse am Savannah Way.
- Lawn Hill Gorge Camping mit Toiletten und Duschen (kaltes Wasser). Die Stellplätze im Nationalpark müssen online oder telefonisch reserviert werden, 6,55 AUD p. P., www.npsr.qld.gov.au. Auf dem Campingplatz ist Mobilnetzempfang vorhanden.
- Der Adels Grove Camping Park bietet verschiedene Zimmer und Stellplätze an, adelsgrove.com.au/accommodation
- Kostenloses *bushcamp* am Gregory River in Gregory Downs, keine Infrastruktur, Trinkwasser und Toiletten am Dorfeingang

***Achtung*:** Bei Trockenheit ist die Straße gut befahrbar. Ein 4WD ist jedoch empfehlenswert. Während und nach der Regenzeit ist die Strecke wegen Flussdurchfahrten und Auswaschungen schwierig.

3. Von der Minenstadt Mount Isa in die Outback-Stadt Birdsville

Zwischen Mount Isa und Birdsville finden Reisende die typische Landschaft des Outback in Queensland. Eine endlose Weite, einfach nur Land bis weit zum Horizont. Sonst nichts. Vereinzelt stehen einsame Bäume auf der Ebene oder ein Greifvogel ist auf der Suche nach etwas Essbarem. Keilschwanzadler sind auf dieser Strecke keine Seltenheit.

Aussicht auf Mount Isa bei Nacht

Die Minenstadt Mount Isa befindet sich in den Selwyn Ranges. Wer in Mount Isa einfährt, merkt auf Anhieb, dass hier der Bergbau aktiv ist. Nicht nur die Minengebäude, die hohen Kamine der Schmelzanlagen und der Touristenkomplex Hard Times Mine, sondern auch die vielen Minenfahrzeuge prägen das Stadtbild. Der Bergbau ist ganz klar der wichtigste Wirtschaftszweig in Mount Isa. Wer einen Rundumblick über die Stadt haben will, spaziert oder fährt am besten zum Mount Isa Lookout, den man über die Lookout Road erreicht. Vom Barkly Highway sind es rund 500 Meter bis zum Lookout. Von oben überblickt man die Stadt und kann so gut erkennen, dass das Stadtzentrum durch den Leichhardt River vom Bergwerk der Mount Isa Mines (MIM) getrennt wird. Die Aussicht über Mount Isa ist besonders nachts interessant, wenn die Mine beleuchtet ist.

Wegweiser beim Lookout

Von Mount Isa geht es in südlicher Richtung nach Birdsville. Nur wenige Kilometer außerhalb der Bergbaustadt taucht man bereits ins faszinierende Outback ein. Auf der 686 Kilometer langen Strecke zwischen Mount Isa und Birdsville gibt es zwar nicht viel und doch hat die Landschaft im australischen Outback eine magische Anziehungskraft. Endlose Weite und rote Erde bis weit zum Horizont.

Die erste Etappe erfolgt auf der Diamantina Developmental Road. 303 Kilometer flaches Land trennen die Minenstadt Mount Isa vom Outback-Ort Boulia, das sich optimal für einen Zwischenstopp anbietet. Nach langer Fahrt durch die karge Landschaft ist der kleine Ort eine perfekte Abwechslung. Wer für 45 Minuten in die Vergangenheit eintauchen will, sollte sich die Min Min Encounter Show nicht entgehen lassen. Die animierte Licht- und Sound-Show gibt Einblick und erklärt mehr über den Mythos des Min-Min-Lichts, einem ungewöhnlichen Lichtphänomen, das in dieser Gegend einiges an Fragen offen lässt. In Boulia gibt es einen kleinen Lebensmittelladen, einen Campingplatz, ein Hotel und eine Touristen-Information.

Die Fahrt geht weiter in südlicher Richtung auf der Diamantina Developmental Road bis Bedourie. 194 Kilometer trennen die beiden Ortschaften voneinander. Dazwischen gibt es außer endloser Weite, Sand und ein paar Grasbüscheln nicht viel. Bedourie ist ein kleiner Ort im Outback, wo Reisende im Normalfall nur einen kurzen Zwischenstopp einlegen. Während der Regenzeit kann es passieren, dass Bedourie über mehrere Wochen von der Außenwelt abgeschnitten ist. Somit ist es empfehlenswert, sich vor der Reise über die Straßenverhältnisse und das Wetter zu informieren.

Rund 20 Kilometer nach Bedourie verzweigt sich die Straße. Nach Birdsville geht es auf der Eyre Developmental Road in südlicher Richtung weiter. Seit Herbst 2017 ist auch die Straße zwischen Boulia und Bedourie geteert und somit die gesamte Strecke zwischen Mount Isa und Birdsville befestigt.

Nachdem man Bedourie hinter sich gelassen hat, findet man sich wieder umgeben von flachem Land. Auf den ersten Blick könnte man meinen, als ob es im Outback nichts anderes gibt außer endloser Weite. Wer jedoch genau hinschaut, merkt, dass sich die Landschaft ständig ändert. Mal glänzt der Boden links und recht am Highway entlang von den glatten, dunklen Steinen der *gibber plains*. Dann dominiert die Steppe und plötzlich gibt es vereinzelt Bäume und Büsche zu sehen. Wenn es dann doch mal gar nichts Besonderes zu sehen gibt, haben Durchreisende für eine Abwechslung gesorgt. So werden zum Beispiel abgestorbene Bäume mit Fahrrädern oder Schuhen dekoriert. Zudem sind auch riesige Rinderfarmen in diesem Teil von Australien heimisch.

Big Red Sanddüne

Eyre Developmental Road

Nach 686 Kilometern Fahrt durch karge, flache Landschaft erreicht man schließlich Birdsville. Die Outback-Stadt ist Versorgungsknoten der Umgebung. Auch wenn es vieles nur in limitiertem Angebot gibt, das Wichtigste wie Treibstoff, Lebensmittel, ein Hotel, einen Campingplatz oder eine Autoreparaturwerkstatt ist vorhanden. Den roten Staub kann man sich übrigens im Birdsville Hotel mit einem eiskalten Bier herunterspülen und den berühmten *camel pie* gibt es in der Birdsville Bakery.

Abendstimmung am Lake Moondarra

Während der Regenzeit kann es vorkommen, dass Teile der Straße unter Wasser stehen. Kein Wunder also, dass es in Birdsville ein großes Flugfeld gibt. Der Flugplatz wird neben Touristenflügen auch rege von Farmern benutzt, die während der Regenzeit von der Außenwelt abgeschnitten sind oder einfach zu weit weg wohnen.

Info

Lage: Die Strecke von Birdsville nach Mount Isa führt durch den Nordwesten Queenslands und ist nicht weit von der Grenze zu Southern Australia und dem Northern Territory.

Anfahrt: Mount Isa liegt am Barkly Highway, Townsville an der Ostküste ist 904 km entfernt und am schnellsten über den Barkly Highway und den Flinders Highway erreichbar. Birdsville ist in alle Himmelsrichtungen weit weg von allem. Adelaide ist 1170 km entfernt, bis Townville an der Ostküste sind es 1338 km und bis Brisbane 1581 km.

Distanz: 686 km

Reisedauer: 1 bis 2 Tage

Öffnungszeiten: immer; die Straße kann während der Regensaison gesperrt werden. Informationen über Straßenzustand und Sperrungen auf www.qld.gov.au/transport/conditions.

Beste Reisezeit: Ende April bis Ende Oktober

Eintritt: nichts

Aktivitäten: Minentour in der Hard Times Mine (www.mietv.com.au/Outback-at-Isa/Hard-Times-Mine.aspx), Outback-Erlebnis, Camping unter den Sternen in Birdsville, Picknick am Lake Moondarra (rund 20 km nördlich von Mount Isa). Im Zentrum von Birdsville The Royal Hotel Ruins und das alte Frontier Australia Inland Mission Hospital besichtigen und in die Vergangenheit eintauchen. Den Sonnenuntergang und den einzigartigen Sternenhimmel am Pelican Point Billabong genießen. Für 4WD-Enthusiasten mit Geländewagen lohnt sich ein Abstecher zur Big-Red-Sanddüne. Die Big Red befindet sich rund 40 km westlich von Birdsville in der Simpson Desert.

Unterkünfte/Camping:

- Kommerzielle Campingplätze in Mount Isa, Boulia, Bedourie und Birdsville.
- *bushcamping* außerhalb von Birdsville beim Pelican Point Billabong

New South Wales

4. Von Moree zum Cameron Corner durch das Outback von New South Wales
5. Old Glen Innes Road und Old Grafton Road: Auf den Spuren der Goldgräber
6. Auf dem Thunderbolts Way von Uralla nach Gloucester
7. Spektakuläre Fahrt von den Blue Mountains zu den Jenolan Caves, Kanangra Walls und Wombeyan Caves
8. Auf dem Snowy Mountains Highway und Alpine Way durch atemberaubende Berglandschaft

Düne bei Cameron Corner

QUEENSLAND
Brisbane
Cameron Corner
Moree
4. Moree – Cameron Corner
5. Old Glen Innes Road und Old Grafton Road
Gloucester
Broken Hill
NEW SOUTH WALES
6. Thunderbolts Way: Uralla – Gloucester
7. In den Blue Mountains
Sydney
CANBERRA
8. Snowy Mountains Highway
Tasmanische See
VICTORIA
Melbourne
Bass-Straße

4. Von Moree zur Cameron Corner durch das Outback von New South Wales

Baumwolle, Weizen, Opale und einen Golfplatz inmitten der Wüste. Das und eine große Portion Outback-Feeling gibt es auf der Strecke zwischen Moree und der Cameron Corner. Entlang der Strecke taucht man in die Welt der Opalsucher ein und erlebt das Outback hautnah. Je weiter man landeinwärts kommt, desto trockener wird das Land. Das Ziel ist die Cameron Corner, dort, wo die Staaten New South Wales, Queensland und South Australia aneinander grenzen.

Baumwollfeld in Moree

Der Weg ist das Ziel, und wenn es auf dem Weg sogar noch Spannendes zu sehen gibt, ist der Roadtrip perfekt. Die Fahrt von Moree bis zur Cameron Corner kann man mit gutem Gewissen als abseits der ausgetretenen Pfade bezeichnen. Die Kleinstadt Moree, Ausgangspunkt für diesen Roadtrip, ist geprägt von Landwirtschaft, insbesondere Baumwolle und Weizen. Riesige Baumwollfarmen haben in der Umgebung ihre Felder angelegt und dominieren die ebene Landschaft. Es sind aber nicht die Baumwollplantagen, die Besucher nach Moree locken, sondern vor allem die artesischen Quellen. Es gibt mehrere Bäder in Moree, in denen man sich in den heißen Quellen entspannen kann.

Strecke nach Lightning Ridge

Von Moree geht es auf dem Gwydir Highway 140 Kilometer landeinwärts bis Collarenebri. Links und rechts fährt man an bewirtschafteten Feldern und endlosen Weiten vorbei. Es folgen 87 Kilometer auf unbefestigter Straße bevor man Lightning Ridge erreicht. Schon am Ortseingang ist spürbar, dass sich hier alles um Opale dreht. Es stehen Gerätschaften herum, die für die Opalgewinnung benötigt werden. Auch das Wort Opal liest man praktisch auf allen Geschäften, Häusern oder Tafeln. Spannend sind die Car Door Trails, deren Routen an Minen, Fördereinrichtungen, Schächten, Häusern aus Getränkedosen oder Flaschen vorbei kommen. Insgesamt gibt es vier Rundtouren, alle mit verschieden farbigen Autotüren gekennzeichnet (rot, blau, grün und gelb). Wer die einzelnen Routen abfährt, erhält Einblick in das Leben der Einheimischen und sieht mehr von der Landschaft.

Wegweiser Grawin/Glengarry

Es lohnt sich die nächste Teilstrecke auf unbefestigten Straßen zu fahren und nicht den schnellsten Weg über Teerstraßen zu wählen. Von Lightning Ridge ist die Strecke via Cumborah bis nach Bourke spannend, wenn man vom Castlereagh Highway auf die Llanillo Road Richtung Südwesten bis nach Cumborah fährt. Die rund 50 Kilometer führen durch praktisch unbewohntes Land. Bei Cumborah auf der Wilby-Wilby Road in nordwestlicher Richtung bis Grawin sind es weitere 16 Kilometer. Die unbefestigte Straße führt weiter durch abgelegenes Gebiet. Dass man weit weg von der Zivilisation ist, merkt man auch an den Straßenschildern. Diese sind nämlich von Hand geschrieben. Einen Boxenstopp sollte man in Grawin einlegen. Dort gibt es den Club in the Scrub, wo sich die Einheimischen zum Klatsch treffen. Eine gute Gelegenheit sich unter die Opalsucher zu mischen. Etwas weiter, gerade mal neun Kilometer, befindet sich das Glengarry Hilton. Es ist das älteste Pub in den Opal Fields.

Fahrt von Glengarry Richtung Bourke

Verlässt man Glengarry Richtung Westen, erfolgt die Weiterfahrt auf einer unbefestigten Straße. Die Landschaft ist topfeben. Kein Baum weit und breit, einfach nur flaches Land. Outback pur. Nach rund 90 Kilometern durch einsames Gebiet trifft man auf den Kamilaroi Highway, der durch die Ortschaft Brewarrina und nach weiteren 100 Kilometern in Bourke endet. Bourke ist der Ort, um wieder Lebensmittel aufzustocken und die Treibstoff- und Wassertanks zu füllen. Durch das Städtchen fließt der Darling River, und weil Bourke früher ein bedeutender Ort für den Transport von Schafwolle war, gibt es sogar einen Hafen. Ja, einen Hafen mitten im Outback! Der Transport erfolgte viele Jahre auf dem Darling River, bis Bourke an das Eisenbahnnetz angeschlossen wurde. Ebenfalls erwähnenswert ist, dass der Ort früher von Kamelkarawanen versorgt wurde. Afghanische Kameltreiber waren hier beheimatet. Eine Moschee auf dem Gelände des Friedhofes erinnert daran.

Bourke Camping May's Bend

Von Bourke geht die Fahrt auf unbefestigter Straße weiter Richtung Westen. So geht es auf der Bourke-Milparinka Road bis Wanaaring (234 km) und über die Cut Line bis zum ehemaligen Goldgräberort Tibooburra. Auf den insgesamt 416 Kilometern zwischen Bourke und Tibooburra kommt man an riesigen Rinder- und Schaffarmen vorbei. Die Erde ist knallrot, sandig und die Vegetation karg. Nur vereinzelt gibt es Büsche und Wüstengras. Und doch gibt es mehr Leben, als man denkt. Emus und Kängurus, Rinder und Keilschwanzadler gibt es zu sehen. So bleibt die Fahrt auf der Tibooburra Road abwechslungsreich.

Tibooburra ist sehr abgelegen. Es ist etwas schwer sich vorzustellen, was Menschen hierher verschlägt. Vor allem, da Tibooburra als heißeste Stadt in New South Wales bekannt ist. Mit über 40 Grad im Sommer ist es unerträglich. Außer einem Shop, dem Family Hotel und dem Tibooburra Hotel, einem Freilichtmuseum mit alten Gerätschaften aus der Goldgräberzeit und einer Tankstelle gibt es nicht viel in dieser Outback Stadt. Wieso aber wurde ausgerechnet hier draußen in dieser kargen Landschaft, weit weg von der Zivilisation eine Ortschaft erbaut? Die Antwort ist einfach – wegen Gold. 1881 wurde Tibooburra gegründet und die Goldsuche war aktiv bis etwa 1900. Als die Aktivitäten abflachten, wurde die Goldsuche ersetzt durch Weidewirtschaft.

Verlässt man Tibooburra, geht es auf unbefestigter Straße weiter. Ein langer Zaun mit einem Gatter blockiert die Weiterfahrt. Dies ist der Dingo-Zaun. Das Gatter lässt sich einfach öffnen, aber man darf nicht vergessen, es nach der Durchfahrt wieder zu schließen! Sonst droht eine saftige Buße. Die nächsten 140 Kilometer erfolgen auf der Cameron Corner Road, einer staubigen Schotterstraße, die durch Halbwüste führt. Rund 40 Kilometer bevor man die Cameron Corner erreicht, fängt der Sturt National Park an. Fort Grey, ein Campingplatz des Nationalparks, befindet sich rund 30 Kilometer vor der Cameron Corner. Es gibt einen Wanderweg zum Pinaroo Lake und zu den Ruinen des Old Fort Grey Homestead.

Cameron Corner

Das Endziel des Roadtrips ist das Cameron Corner Roadhouse, eine Oase inmitten des Outbacks. Das Roadhouse serviert nicht nur Mahlzeiten und Getränke, es gibt auch einen kleinen Shop und heiße Duschen, eine willkommene Überraschung nach der langen Fahrt auf der staubigen Strecke. Im Cameron Corner Shop erhält man zudem die Bewilligung zum Campen auf den roten Sanddünen. Ein Highlight an der Cameron Corner, besonders auch um den Sternenhimmel zu bewundern. Hier draußen gibt es kein Störlicht und so ist die Milchstraße unglaublich gut zu sehen. Wenn dann noch eine Sternschnuppe herunterfällt, ist das der perfekte Abschluss des Tages.

Auch wenn es keine großen Attraktionen gibt, stellt sich während der Fahrt durch das Outback das Gefühl von Freiheit und Abenteuer ein. Und die Cameron Corner ist eine Attraktion für sich, denn hier grenzen die Staaten South Australia, Queensland und New South Wales aneinander.

Info

Lage: im Nordwesten von New South Wales im Outback, an der Grenze zu Queensland und South Australia

Anfahrt: von Moree in westlicher Richtung nach Bourke; Moree ist rund 480 km von Brisbane an der Ostküste und 236 km von Tamworth entfernt.

Distanz: 1092 km

Reisedauer: 3 bis 4 Tage

Öffnungszeiten: immer; während der Regenzeit sind Straßen und Nationalparks teilweise gesperrt.

Beste Reisezeit: August bis Oktober und Februar bis April

Eintritt: Sturt National Park 8 AUD pro Fahrzeug pro Tag

Aktivitäten: baden in arthesischen Pools, Wanderung im Sturt National Park (z. B. Granite Walk, 3 km Rundwanderung), Outback-Routen fahren (Gorge Loop, Jump-Up Loop, Middle Road Drive), Golf spielen an der Cameron Corner (Golfplatz auf den Dünen, gleichzeitig in drei Staaten spielen).

Unterkünfte/Camping:

- In Moree, Lightning Ridge, Tibooburra gibt es Campingplätze und Hotels.
- Einfache Unterkunft und Camping finden sich beim Glengarry Hilton.
- Cameron Corner, *bushcamping* 10 AUD, Duschen 5 AUD
- Verschiedene Campingplätze im Nationalpark mit Toiletten, Tische und Gasgrill, Erwachsene 6 AUD, Kinder 3,50 AUD, www.nationalparks.nsw.gov.au/visit-a park/parks/sturt-national-park
- Free Camping im Collarenebri Primitive Campground, Toiletten, Dusche, Barbecue und Dump Point oder *bushcamping*, außerhalb von Bourke beim May's Bend am Darling River (keine Infrastruktur)

Versorgung: In Moree, Bourke, Tibooburra, Cameron Corner gibt es Lebensmittel und Treibstoff. Die Auswahl ist limitiert.

***Achtung*:** Der Sturt National Park und die Cameron Corner sind sehr abgelegen. Genügend Treibstoff, Lebensmittel und Ersatzteile mitnehmen.

5. Old Glen Innes Road und Old Grafton Road: Auf den Spuren der Goldgräber

Die Old Glen Innes Road ist schmal, steil und teils holprig. Auf den 131 Kilometern mitten durch Farmland und ehemaliges Goldgräbergebiet taucht man in die Vergangenheit ein. Faszinierend an der Strecke sind die Landschaft mit rollenden Hügeln, die verschiedenen Flüsse, die Fahrt entlang steil abfallender Täler und der historische Tunnel.

Wer auf der Old Glen Innes Road unterwegs ist, taucht ein in die Vergangenheit der Goldsucher um 1850. Die sechs Flüsse Orara, Nymboida, Boyd, Guy Fawkes, Henry und Mann, die alle irgendwann im Clarence River zusammen fließen, prägen die Landschaft auf der Strecke zwischen Grafton und Glen Innes. Die historische Route ist bei den wenigsten Reisenden auf der Liste. Zum Glück, denn so bleibt sie abseits der ausgetretenen Pfade. Mitte der 1800er-Jahre wurde die Straße während des Goldrausches gebaut. Früher war sie Mittel zum Zweck, heute ist sie eine malerische Strecke durchs Grüne und ein Ausflugsziel für Naturliebhaber.

Haus entlang der Glen Innes Road

Von Grafton fährt man rund sechs Kilometer westlich auf dem Gwydir Highway und biegt dann auf die Old Glen Innes Road ab. Die ersten 25 Kilometer sind geteert und führen an abgelegenen Farmen und Häusern vorbei. Es ist ländlich und der Verkehr nimmt massiv ab.

Im Frühling sind die Weiden üppig grün. Eukalyptusbäume prägen die Landschaft und der ohrenbetäubende Lärm von Grillen begleitet Besucher während der Fahrt. Nach 32 Kilometern folgt die Buccarumbi Bridge, wo es auf der Nordseite traumhafte *bushcamps* direkt am Fluss gibt. Hier fließt der Boyd River in den Nymboida River. Überreste der alten Brücke, die bei einer Überschwemmung weggeschwemmt wurde, liegen noch verstreut im Wasser.

Glen Innes Road

Dalmorton

Nach weiteren 27 Kilometern erreicht man Dalmorton. Dies war während dem Goldrausch zwischen 1850 und 1860 ein bedeutender Ort. Die einst florierende Community zählte 5000 Einwohner und es gab 13 Pubs. Heute besteht Dalmorton nur noch aus weniger als einem halben Dutzend kleiner Häusern und Hütten. Die meisten davon werden nur an Wochenenden oder als Ferienhäuser benutzt. Eine Infotafel verrät mehr über die Geschichte von Dalmorton. Einige Gebäude wie die Schule, eine Polizeistation, die Metzgerei und ein Cottage sind aus der Goldrausch-Zeit übrig geblieben. Andere wurden dem Zerfall überlassen.

Auf der anderen Flussseite des Boyd River befindet sich der Dalmorton Campground. Von der Old Glen Innes Road biegt man auf die Chaelundi Road ab, fährt über die Brücke und nach rund 1,4 Kilometern erreicht man den Campingplatz. Wer nicht campen will, kann auch einfach bis zur Brücke fahren. Der kurze Abstecher lohnt sich für die Aussicht auf den Boyd River.

Das Highlight der Strecke folgt sieben Kilometer nach Dalmorton. Der historische Tunnel, der 1866 aus dem Fels gehauen und gesprengt wurde, ist gerade mal 20 Meter lang. Achtung, es gibt ein Höhenlimit von 3,3 Metern für Fahrzeuge! Der kurze Tunnel ist ein tolles Fotomotiv. Die Fahrt geht weiter in luftiger Höhe am Boyd River entlang.

Inzwischen hat sich das offene breite Tal in eine enge Schlucht verwandelt. An einigen Stellen ist es fast unmöglich, an einem anderen Fahrzeug vorbei zu kommen. Die Old Glen Innes Road wird bei Newton Boyd, einer ehemaligen Siedlung, übrigens zur Old Grafton Road. Während der Fahrt merkt man davon nichts, es ist lediglich eine andere Straßenbezeichnung.

Bald erreicht man das Mann River Nature Reserve, wo sich ein offizieller Campingplatz befindet. Die nächsten 15 Kilometer geht es steil und kontinuierlich bergauf. Die Serpentinen erinnern an eine Passstraße in den Alpen und innerhalb kurzer Zeit geht es mehrere hundert Höhenmeter bergauf. Angekommen auf der Hochebene, zeigt der Höhenmesser über 1000 Meter an. Man befindet sich hier an der westlichen Flanke der Great Dividing Range und der New England Tablelands.

Nach insgesamt 131 Kilometern erreicht man den Gwydir Highway, der in westlicher Richtung direkt nach Glen Innes oder in östlicher Richtung zurück nach Grafton führt.

Historischer Tunnel

Die Ortschaft Glen Innes

Info

Lage: Die Old Glen Innes Road und die Old Grafton Road befinden sich im Nordosten von New South Wales, zwischen Grafton und Glen Innes. Grafton ist rund 85 km von Coffs Harbour an der Ostküste entfernt. Die spannende Strecke führt durch State Forests, streift den Guy Fawkes River National Park und durchquert den Mann River National Park.

Anfahrt: von Grafton auf dem Gwydir Highway rund 6 km in westlicher Richtung fahren; die Abzweigung auf die Old Glen Innes Road nehmen. Die ersten 32 km sind geteert und dann folgen 99 km auf unbefestigter Straße bis man wieder den Gwydir Highway erreicht.

Distanz: 164 km

Reisedauer: 1 bis 2 Tage

Beste Reisezeit: Dezember bis April

Öffnungszeiten: immer

Eintritt: nichts

Aktivitäten: kajaken, baden, campen und relaxen

Unterkünfte/Camping:

- In Glen Innes und Grafton gibt es Campingplätze und Hotels.
- Entlang der Old Glen Innes Road und der Old Grafton Road gibt es viele kostenlose *bushcamps*. Besonders schön ist Buccarumbi (mit Toiletten) am Nymboida River.
- Mann River Campground im Mann River Nature Reserve, direkt an der Old Grafton Road, wurde im 2018 neu renoviert, Picknicktische, Toiletten und Barbecue (kostenlos)
- Dalmorton Campground im Guy Fawkes National Park, Anfahrt von der Old Glen Innes Road via Chaelundi Road, ca. 1,4 km bis zum Campingplatz, Toiletten, Picknicktische und Barbecue, 6 AUD für Erwachsene (ab 16 Jahren), 3,50 AUD für Kinder (unter 5 Jahren kostenlos)

***Achtung*:**

- Auf der Old Glen Innes Road gibt es keine Tankstelle oder Autoreparaturwerkstätten.
- Der Telefonempfang ist limitiert oder nicht vorhanden.
- Die Strecke ist mit 2WD befahrbar. Bei Regen ist ein 4WD empfehlenswert.

6. Auf dem Thunderbolts Way von Uralla nach Gloucester

Der Thunderbolts Way führt durch eine landschaftlich attraktive Gegend. Im Sommer fährt man vorbei an Rinderweiden und Schafherden. Die hügelige Landschaft ist durchzogen mit Flüssen, Bächen und Wasserlöchern. Die Strecke führt aber auch durch dichten Wald und an Nationalparks vorbei. Außerhalb von Uralla gibt es eine romantische Kirche zu bewundern, und spannend ist es auch, mehr über die Geschichte des Strauchdiebs Captain Thunderbolt zu erfahren.

Der Thunderbolts Way befindet sich in den New England Tablelands und ist Teil der Great Dividing Range. Auf der Hochebene sind 1000 Meter Höhe keine Seltenheit und so kann es in dieser Gegend im Winter auch schneien. Frühling, Sommer und Herbst sind aus diesem Grund die beste Zeit den Thunderbolts Way zu befahren. Ob man von Nord nach Süd oder umgekehrt fährt, spielt keine Rolle.

Der Thunderbolts Way verläuft mehr oder weniger 100 bis 150 Kilometer parallel zur Ostküste entlang in Höhe von Coffs Harbour und Newcastle. Die Strecke bietet sich als alternative Route zur Fahrt entlang der Ostküste an. Die Straße verläuft durch hügelige Landschaft, ist sehr kurvenreich und beinhaltet sehr steile Abschnitte. Den außergewöhnlichen Namen hat die Strecke vom Strauchdieb Frederick Wordsworth Ward erhalten, der unter dem Pseudonym Captain Thunderbolt sein Unwesen trieb. Er durchstreifte die Gegend im 19. Jahrhundert.

Deeagree Woolshed

Ausgangspunkt der hier beschriebenen Strecke ist die Kleinstadt Uralla. Bevor es jedoch auf den Thunderbolts Way geht, bietet sich ein Abstecher zur wohl meistfotografierten Kirche an. Die Gostwyck Chapel befindet sich elf Kilometer südöstlich von Uralla. Die Backsteinwände sind fast vollständig mit Efeu überwachsen. Besonders romantisch ist die Gostwyck Chapel im Herbst, wenn sich die Blätter rot verfärben. Praktisch um die Ecke steht ein weiteres beeindruckendes Gebäude. Der Deeagree Woolshed ist aus dem Jahre 1872 und noch heute werden Schafe im riesigen Schuppen mit dem markanten achteckigen Blechdach geschoren.

Gostwyck Chapel

Wegweiser Thunderbolts Way

Zurück in Uralla geht es nun auf dem Thunderbolts Way in südlicher Richtung nach Walcha. Die ersten 40 Kilometer führen durch eine grasüberzogene Hügellandschaft mit Rinder- und Schafherden. Kuhweiden dominieren die Landschaft und einzelne Farmen sind in der Ferne zu sehen. Die Region ist aber nicht nur für Landwirtschaft, sondern auch für die Holzwirtschaft bekannt.

Auf der Weiterfahrt nach Nowendoc verändert sich die Landschaft. Auf das Weideland folgt dichter Wald und die Straße wird immer kurviger. Das Fahrzeug wird ganz schön beansprucht. Auch mit Holz beladene Roadtrains kämpfen sich die Straße hoch und wieder hinunter. So kommt der Carson's Pioneer Lookout gerade recht, um eine Pause für Fahrer und das Fahrzeug einzulegen. Vom Aussichtspunkt aus überblickt man das Hunter Valley bis zum Barrington Tops National Park. Benannt wurde dieser Aussichtspunkt nach Eric Carson, einem Straßenbauer und Pionier aus Gloucester. Dank Carson ist es heute möglich, sicher durch diese steile und wilde Gegend in New South Wales zu fahren. Der Hauptgrund für den Bau dieser Straße war, den Holztransport einfacher zu machen. Heute ermöglicht der Thunderbolts Way Holz aus den Wäldern über die Great Dividing Range auf einfachem Wege zu transportieren.

Thunderbolts Way

Carson's Pioneer Lookout

Zurück auf der Straße weist ein Schild darauf hin, dass sie nach dem Aussichtspunkt steil abwärts geht. Bei über zehn Prozent Steigung ist es sinnvoll, in einen tiefen Gang zu schalten. Nach der Abwärtsfahrt lichtet sich der Wald wieder und man erreicht das Bretti Reserve. Ein toller Ort für ein Picknick oder ein paar entspannte Tage in freier Natur. Für Camper steht eine riesige Wiese mit Schatten spendenden Bäumen am Barnard River zur Verfügung.

Bretti Reserve Camping

Vom Bretti Reserve bis nach Barrington sind es noch knapp 40 Kilometer und bis Gloucester weitere sieben Kilometer. Der Straßenverlauf führt an Flüssen entlang und es gibt auch eine alte Holzbrücke. In Gloucester endet schließlich der Thunderbolts Way.

Versteck von Captain Thunderbolt

Info

Lage: Der Thunderbolts Way befindet sich in den New England Tablelands, einem Teil der Great Dividing Range, zwischen Armidale und Newcastle.

Anfahrt: Uralla befindet sich 25 km südwestlich von Armidale und Gloucester ist 123 km nördlich von Newcastle an der Ostküste.

Distanz: 212 km (inkl. Abstecher zur Gostwyk Chapel)

Reisedauer: 1 Tag

Beste Reisezeit: ganzjährig befahrbar, beste Zeit zwischen November bis April

Öffnungszeiten: immer; im Winter kann es schneien und die Straßen können gesperrt sein.

Eintritt: nichts

Aktivitäten: historische Sehenswürdigkeiten (Gostwyk Chapel, Deeargee Woolshed, Black Mountain, Split Rock, Captain Thunderbolts Grab und zwei Höhlen, wo er sich versteckt hat), fischen u. a. im Bretti Reserve, kurvenreiche Straße fahren und wandern im nahe gelegenen Barrington Tops National Park

Unterkünfte/Camping:

- In Uralla, Walcha, Barrington und Gloucester gibt es Campingplätze und Hotels.
- Kostenlose Campingplätze finden sich am Gloryvale Reserve und im Bretti Reserve mit Toiletten.

Info: In diesem Buch ist die Strecke von Uralla bis Gloucester beschrieben. Die Strecke von Inverell bis Uralla gehört ebenfalls zum Thunderbolts Way. Gesamtlänge des Thunderbolts Way ist 290 km.

7 . Spektakuläre Fahrt von den Blue Mountains zu den Jenolan Caves, Kanangra Walls und Wombeyan Caves

Die Blue Mountains sind überaus bekannt und in einem Tagestrip von Sydney aus erreichbar. Wohl deshalb stehen sie bei den meisten Besuchern auf dem Reiseprogramm. Wer den Touristenmassen entfliehen will, sollte unbedingt weiter zum Kanangra-Boyd National Park fahren. Dort beeindrucken genauso spektakuläre Klippen, und auf der Fahrt dorthin befindet sich auch noch das Höhlensystem der Jenolan Caves. Anschließend bietet sich ein 4WD-Abenteuer durch Eukalyptuswälder mit ein paar Flussdurchquerungen und die Fahrt zu den Wombeyan Caves an.

Wer die Blue Mountains mit den bekannten Three Sisters bereits gesehen hat, findet im Kanangra-Boyd National Park ebenfalls spektakuläre Landschaften riesiger Wälder und Schluchten. Der große Unterschied ist jedoch, dass er von viel weniger Menschen besucht wird. Die meisten Tagestouristen aus Sydney kehren nämlich bei der Ortschaft Blackheath um. Wer Zeit hat, kann von dort weiter in Richtung Lightgow fahren. Bei der winzigen Ortschaft Hartley, die sich elf Kilometer vor Lightgow befindet, biegt man auf die Jenolan Caves Road ab. Die Strecke führt durch Wälder, Weideland mit Kühen und Ziegen, es folgt die winzige Township Hampton und nach 26 Kilometern verzweigt sich die Straße schließlich.

Einfahrt zu den Jenolan Caves

Carlotta Arch

Die Jenolan Caves befinden sich 22 Kilometer nördlich der Abzweigung. Die Straße bis zu den Jenolan Caves ist sehr kurvenreich, führt durch ländliches Gebiet und durch Nadelbaum- und Eukalyptuswald. Auf der Fahrt kann man immer wieder Ausblicke auf die Wälder der Blue Mountains erhaschen. Der Straßenverlauf geht an einer steilen Felswand entlang, es folgen viele Kurven und zeitweise ist die Straße einspurig. Einspurig ist auch der Tunnel, der durch die Jenolan Caves führt. Achtung, der Tunnel wird zwischen 11:45 und 13:15 Uhr für den Einbahnverkehr gesperrt! Alternativ kann man via Edith Road nach Oberon fahren.

Ein Stopp bei den Jenolan Caves lohnt sich. Es gibt verschiedene Höhlentouren oder man kann auf eigene Faust den Jenolan River Walk (2,1 km hin und zurück) machen. Dieser startet beim Grand Arch und führt am Fluss und dem Blue Lake entlang. Mit etwas Glück entdeckt man Schnabeltiere im Wasser. Der künstliche See ist durch den Damm für die Wasserkraftanlage entstanden und es gibt auch eine kleine Staumauer. Lohnenswert ist auch der Carlotta Arch Walk, der im Jenolan Village startet. Es geht stetig und steil aufwärts. Anstrengende 15 Minuten dauert der Aufstieg zum Aussichtspunkt. Dort gibt es eine tolle Aussicht auf den natürlichen Torbogen Carlotta Arch.

Kanangra Walls

Die Straße bis zur Abzweigung zu den Kanangra Walls, rund sechs Kilometer nach den Jenolan Caves, ist extrem kurvig und eng. Ab hier geht es weitere 29 Kilometer auf der unbefestigten Kanangra Walls Road durch Eukalyptusbaumwald. Ein paar Kilometer bevor man den Kanangra Walls-Parkplatz erreicht, kommt man an der Abzweigung zum Kowmung River Track, dem Boyd River-Campingplatz sowie dem Morong Creek Track vorbei. Die Schotterstraße im Nationalpark wird zwar unterhalten, von Regenfällen kann sie jedoch viele und teils große Schlaglöcher haben. Das Tempo reduzieren hilft, um Schäden am Fahrzeug zu vermeiden.

Die Hauptattraktion der Kanangra Walls ist der Kanangra Walls Lookout, der vom Parkplatz in zehn bis 15 Minuten erreichbar ist. Die Aussicht von der Abbruchkante auf die gegenüberliegende Sandsteinwand und den Mount Cloudmaker ist imposant. Ein Blick gen Himmel lohnt sich ebenfalls. Keilschwanzadler kreisen gerne über der Schlucht und gleiten mithilfe der Thermik über die faszinierende Landschaft. Ganz in der Nähe führt ein weiterer kurzer Wanderweg zu den Kalang Falls. Der kurze und steile Weg führt über etliche Stufen bis zum Fuß des Wasserfalls. Man sollte mit rund 30 Minuten (hin und zurück) rechnen.

Wer Lust auf eine längere Wanderung hat, sollte den Plateau Walk nicht verpassen. Es ist empfehlenswert diesen am Vormittag oder späteren Nachmittag zu machen. Auf dem Plateau ist man exponiert und Schatten sucht man vergebens. Der Wanderweg geht zuerst leicht abwärts durch *bush* und an der Dance Floor Cave vorbei. Den kurzen Abstecher zur Höhle sollte man sich nicht entgehen lassen. Der Felsvorsprung und die Höhe sind nicht nur eine beeindruckende Kreation der Natur, sondern bieten auch Schutz vor Naturgewalten. Zurück auf dem Hauptweg geht es direkt auf das Plateau. Mehrere Seitenwege führen vom Hauptweg weg bis zur Abbruchkante. Beim Blick in die Tiefe und über die Landschaft erhält man einen Eindruck der gewaltigen Natur. Für die gesamte Wanderung sind mit ein bis drei Stunden zu rechnen. Wer nicht so weit wandern mag, kann jederzeit umdrehen.

Die Straße endet beim Kanangra Walls-Parkplatz. Wer ohne Geländewagen unterwegs ist, muss bis zur Jenolan Caves Road dieselbe Strecke zurück fahren. Mit einem Geländewagen und Lust auf ein 4WD-Abenteuer, kann man auf dem Morong Creek und Kowmung River Track nach Richlands und weiter bis zu den Wombeyan Caves fahren. Wichtig, diese Tracks sind nur für 4WD-Fahrzeuge geeignet!

Aussicht vom Plateau Walk

Kowmung River Fire Trail

Kurzes 4WD-Abenteuer auf dem Morong Creek und Kowmung River Fire Trail

Offroad-Herausforderung gesucht? Dann ist der Kowmung River Fire Trail genau richtig. Es gibt zwei Startpunkte, die sich beide in der Nähe des Boyd River Camps befinden. Entweder man startet direkt auf dem Kowmung River Fire Trail (5,3 km nördlich vom Campingplatz) oder fährt zwei Kilometer südlich vom Campingplatz auf den Morong Creek Fire Trail, der nach knapp sieben Kilometern auf den Boyd River Fire Trail und rund 2,5 Kilometer weiter ebenfalls auf den Kowmung River Fire Trail trifft. Die einspurige, unbefestigte Waldstraße führt durch Eukalyptuswald. Der Track windet sich durch das Gelände und es gibt auch Flussdurchquerungen zu meistern. Es empfiehlt sich den Allrad zuzuschalten, sowohl für die Wasserdurchfahrten als auch für das teils steile Gelände. Das Furten des Kowmung River ist in der Trockenzeit einfach. Trotzdem ist es sinnvoll zu Fuß die Tiefe abzuchecken. Die Ab- und Auffahrt ist relativ steil und sandig.

Es folgen sehr steile Passagen, die ins Tal hinunter führen. Kurz vor dem Dingo Dell-Campingplatz gibt es erneut eine Flussdurchfahrt mit sandig-felsigem Untergrund und steiler, aber griffiger Auffahrt. Die Weiterfahrt erfolgt auf dem Kowmung Fire Trail bis man schließlich auf die Banshea Road trifft, der man bis zum Ende folgt. Der dichte Wald lichtet sich und es ist wieder vermehrt Weideland mit Farmen zu sehen. An der

T-Kreuzung gibt es die Möglichkeit auf die Oberon-Colong Historic Stock Route 60 Kilometer in östlicher Richtung bis zur Old Silver Mining Town Yerranderie zu fahren und das Abenteuer abseits der ausgetretenen Pfade zu verlängern. Die unbefestigte Straße endet im historischen Yerranderie Village, das heißt man muss dieselbe Strecke zurück fahren. Ein 4WD-Geländefahrzeug ist empfehlenswert, da es auf der Strecke vier Flussdurchfahrten gibt. Bei trockenem Wetter ist die Anfahrt auch mit dem 2WD (ohne Anhänger) möglich.

Wer den Abstecher ins Yerranderie Village nicht macht, kann auf die Goulburn-Oberon Road wechseln und in nördlicher Richtung bis Oberon oder südlich bis Taralga und Goulburn fahren. Die weitere und interessanteste Variante ist in südlicher Richtung auf die Taralga Road und dann auf die Wombeyan Caves Road 23 Kilometer Richtung Osten zu fahren. Bei den Wombeyan Caves gibt es verschiedene Wanderwege und Höhlen zu besichtigen. Wer Lust auf die Besichtigung von Tropfsteinhöhlen hat, sollte etwas Zeit bei den Wombeyan Caves einplanen. Auf der Weiterfahrt in östlicher Richtung bietet sich ein kurzer Stopp beim Wollondilly Lookout an. 38 Kilometer nach den Wombeyan Caves gibt es noch ein Highlight: den Bullio Road Tunnel. Von Hand wurde 1899 ein großes Loch durch den Sandstein gebohrt. Beeindruckend, wenn man davor steht. Die Wombeyan Caves Road endet nach weiteren 24 Kilometern und man trifft auf dem Old Hume Highway, der direkt zur Kleinstadt Mittagong führt. Hier endet die abwechslungsreiche Tour.

Wombeyan Caves

Wombeyan Caves

Info

Lage: mittlere Ostküste, 1,5 Stunden von Sydney entfernt

Anfahrt: Von Sydney fährt man via Katoomba und Hartley oder von Mittagong via Bullio Road Tunnel und Wombeyan Caves.

Distanz: rund 300 km von Blackheath bis Wombeyan Caves (inkl. 4WD-Route Morong Creek, Kowmung River Fire Trail und Banshea Road); von Blackheath bis Kanangra Walls via Jenolan Caves 96 km; Abstecher nach Yerranderie 120 km hin und zurück

Reisedauer: 2 bis 3 Tage

Beste Reisezeit: Oktober bis Mai

Öffnungszeiten: immer; die Straße kann bei schlechtem Wetter oder erhöhter Waldbrandgefahr gesperrt werden.

Eintritt: Kanangra-Boyd National Park: 8 AUD pro Fahrzeug pro Tag

Aktivitäten: Wanderungen, Höhlenbesichtigung (Touren bei den Jenolan Caves, www.jenolancaves.org.au, und Wombeyan Caves sind kostenpflichtig) und 4WD-Pisten fahren

Unterkünfte/Camping:

- State Forest Millionth Acre Recreation Area, Rastplatz mit Toiletten, direkt an einer T-Kreuzung Richtung Jenolan Caves. Kann laut sein wegen Lastwagen, die Richtung Oberon unterwegs sind.
- Boyd River Campground, kostenlose Stellplätze im Wald, Toiletten, Unterstand und Feuerstellen
- Dingo Dell auf dem Kowmung River Fire Trail; zur Zeit der Recherche etwas heruntergekommen
- Wombeyan Caves Campingplatz mit Trinkwasser, Toiletten, Duschen und Feuerstellen. Stellplätze im Grünen ohne Strom 15 AUD p. P., 4 Stellplätze mit Strom, 35 AUD für 2 P. Keine Reservierung möglich für Plätze mit Strom, Zimmer vorhanden
- Privater Campingplatz im Yerranderie Regional Park, 14 AUD p. P., wenige Zimmer vorhanden, www.nationalparks.nsw.gov.au/visit-a-park/parks/yerranderie-regional-park/visitor-info

***Achtung*:**

- Kowmung River Trail und Morong Creek Fire Trail sind 4WD-Tracks. Nur wer einen Geländewagen mit hoher Bodenfreiheit hat, sollte sich auf diese Strecke einlassen.
- Die Strecke nach Yerranderie kann bei Trockenheit mit einem 2WD (ohne Anhänger) befahren werden. Bei Nässe wird ein 4WD-Fahrzeug für den Besuch des Yerranderie Regional Park vorausgesetzt.

8 . Auf dem Snowy Mountains Highway und Alpine Way durch atemberaubende Berglandschaft

Der Roadtrip von Tumut bis Charlotte Pass führt durch faszinierende Berglandschaft in New South Wales. Auf dem Weg zum Mount Kosciuszko, dem höchsten Berg auf dem Festland Australiens, bilden Fichtenwälder und Flusslandschaften, Berge und Dämme die Szenerie während der Fahrt. Wandern, Skisport, Fischen und Campen sind in dieser Gegend überaus populär.

Tumut ist eine Kleinstadt im nordöstlichen Teil von New South Wales. Von Tumut führt der Snowy Mountains Highway (B72) in westlicher Richtung durch landschaftlich spannende und abwechslungsreiche Natur. Die Straße ist kurvig und Wald dominiert die Landschaft. Rechter Hand entlang des Snowy Mountains Highway befindet sich der Tumut River, der in den Stausee Blowering Reservoir fließt. Die Landschaft ist traumhaft und am See gibt es viele schöne *bushcamps* direkt am Wasser. Am Ostufer des Stausees befindet sich die Ortschaft Talbingo, erreichbar über den Miles Franklin Drive. Talbingo befindet sich rund 40 Kilometer südlich von Tumut.

Snowy Mountains Highway

Es geht auf dem Snowy Mountains Highway weiter, wo man nach 31 Kilometern die Verzweigung zu verschiedenen Höhlen erreicht. Wer sich für den Besuch von Höhlen interessiert, kann auf die Caves Entrance Road abbiegen, die direkt zum Eingang der Glory Hole-Höhle führt. Weitere Höhlen in der Umgebung sind die Jersey Cave, Harrie Wood Cave und Castle Cave. Auf der Caves Exit Road geht es dann wieder zurück zum Snowy Mountains Highway. Fährt man auf dem Snowy Mountains Highway weiter, folgt nach 52 Kilometern eine Kreuzung. In nördlicher Richtung kommt man zur Stadt Cooma und nach Westen nach Cabramurra.

Interessanter ist ganz klar die Fahrt auf der Link Road in Richtung Westen. Dort geht es zuerst an den Goldgräberruinen von Kiandra vorbei. Freie Campingmöglichkeiten am Wasser bieten sich am wunderschönen Three Mile Dam an. Bei den Kiandra Goldfields führt ein Spazierweg durch die Goldgräberruinen. Hier ist man auf fast 1500 Meter Höhe und es kann auch im Sommer empfindlich kalt werden. Die Strecke ist landschaftlich sehr attraktiv. Im Zickzack geht es durch Eukalyptuswälder, dann plötzlich wieder an großen Wiesen und Weideland vorbei. Nach 20 Kilometern auf der Link Road und Goat Ridge Road erreicht man Cabramurra. Dort sollte man unbedingt zum Lookout fahren, der sich auf 1481 Meter befindet. Von oben hat man eine schöne Rundumsicht auf die Umgebung und das Skigebiet.

In südlicher Richtung führt die Snow Ridge Road weiter zum Tumut Pond Dam, wo die Straße über die Staumauer verläuft. Viel spektakulärer ist jedoch die Aussicht auf die Insel mitten im See. Die Straße heißt jetzt Tooma Road, die sich durch bewaldetes Gebiet schlängelt. Es geht kurvenreich weiter bis zum Tooma Reservoir, einem Stausee mit vielen Armen. Die Tooma Road wird zur Swampy Plains Creek Road, die kurz vor Khancoban auf den Alpine Way trifft.

Von Khancoban geht es 53 Kilometer auf dem Alpine Way weiter, wo man auf den Bicentennial Trail zum Tom Groggin-Campingplatz fahren kann. Dieser befindet sich ganz nah an der Grenze zu Victoria. Der Murray River trennt praktisch die beiden Staaten New South Wales und Victoria. Bis Jindabyne fährt man 58 Kilometer weiter auf kurviger Straße. Der Alpine Way verläuft ein längeres Stück entlang des Thredbo River. Während der Fahrt gibt es immer wieder schöne Aussichten auf die Flusslandschaft.

Thredbo ist wie ein großes *resort*. Im Sommer dreht sich alles um Outdoor-Aktivitäten. Im Winter verwandelt sich die kleine Ortschaft in ein Skigebiet. Die Wintersportsaison ist relativ kurz und Schnee ist vor allem in den Monaten Juli und August zu erwarten. In Thredbo befindet sich auch die Seilbahn, die bis kurz vor den Gipfel des Mount Kosciuszko führt. Wer keine Zeit für eine mehrstündige Wanderung hat, kommt von Thredbo aus so am schnellsten auf den höchsten Berg auf dem Festland Australiens.

Der Alpine Way schlängelt sich von Thredbo 35 Kilometer weiter durch bewaldetes Gebiet und am Thredbo River entlang. Kurz bevor man den Bergort Jindabyne erreicht, erhält man wunderbare Aussicht auf den Lake Jindabyne. Der Stausee wird vom Snowy River, dem Thredbo River und Eucumbene River gespeist. Jindabyne ist neben Thredbo ein weiterer Ausgangsort, um zum Mount Kosciuszko zu gelangen. Die Fahrt durch den National Park ist traumhaft und die Vegetation verändert sich in dieser Höhe. Von Jindabyne sind es 42 Kilometer via Perisher bis Charlotte Pass, wo der Wanderweg auf den Gipfel beginnt.

Kosciuszko Nationalpark

Info

Lage: im Südosten von New South Wales

Anfahrt: 200 km von Canberra auf dem Barton Highway und dem Hume Highway in westlicher Richtung

Distanz: 326 km von Tumut bis Charlotte Pass

Reisedauer: 1 bis 2 Tage

Öffnungszeiten: fast immer (im Winter können Straßen wegen Schnee gesperrt sein)

Beste Reisezeit: Januar bis März

Eintritt: im Mount Kosciuszko National Park für den Alpine Way und die Kosciuszko Road 17 AUD pro Fahrzeug (24h). Im Winter gelten höhere Tarife (29 AUD pro Fahrzeug), www.nationalparks.nsw.gov.au/visit-a-park/parks/kosciuszko-national-park/visitor-info#Fees-and-passes

Aktivitäten: wandern, campen, Höhlenbesichtigung (Glory Hole Cave, Jersey Cave, Harrie Wood Cave, Castle Cave, Yarrangobilly Caves) und fischen (man braucht eine Lizenz zum Fischen).

Unterkünfte/Camping:

- Caravan Parks in Tumut, Talbingo, Thredbo, Jindabyne. Der Parkplatz bei Charlotte Pass befindet sich auf 1760 m. Wunderschöne Campingplätze am Snowy River gibt es beim Island Bend Campground. Bei vielen Stellplätzen sind Tische und Feuerstellen vorhanden und es gibt auch Toiletten. Das Campen ist kostenlos, man benötigt aber einen Nationalparkpass für die gesamte Aufenthaltsdauer.
- Camping entlang des Alpine Way/Snowy Mountains Drive: Three Mile Dam, New Chum Hill, O'Hares (beim Talbingo Reservoir) und Bradley's Hut. Einfache Infrastruktur sowie Plumpsklo gibt es am Three Mile Dam und am O'Hares.
- *bushcamping* entlang des Tumut River, schöne Plätze an schöner Lage am Fluss (ohne Infrastruktur)
- Tom Groggin Campground am Bicentennial Trail

***Achtung*:** Im Winter können Straßen wegen Schnee gesperrt sein. 2WD-Fahrzeuge müssen im Winter von Juni bis Oktober Schneeketten dabei haben.

Victoria

9. Gigantische Aussicht auf dem Blue Rag Range Track im Victorian High Country

Blue Rag Range Track

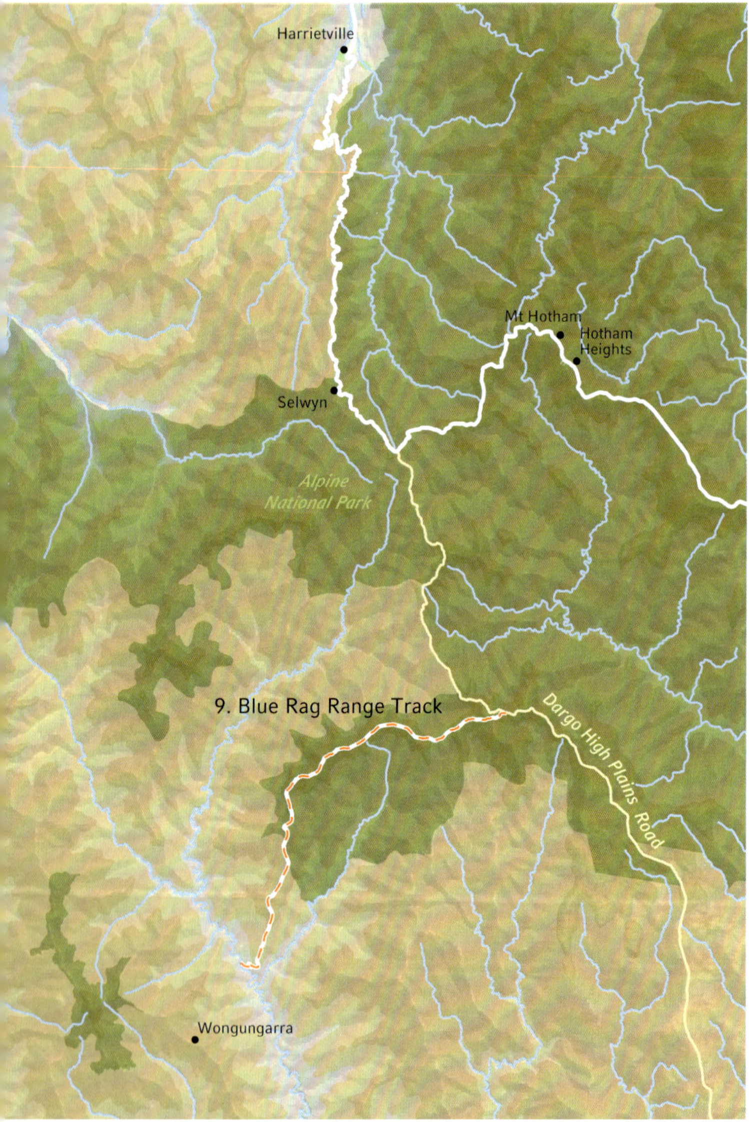
Harrietville
Mt Hotham
Hotham Heights
Selwyn
Alpine National Park
9. Blue Rag Range Track
Dargo High Plains Road
Wongungarra

9. Gigantische Aussicht auf dem Blue Rag Range Track im Victorian High Country

Das Victorian High Country ist eine ganz besondere Gegend und bei 4WD-Fans sehr beliebt. Mit unzähligen spannenden Offroad-Strecken und spektakulären Panoramen wartet die Gegend nur darauf entdeckt zu werden. Einer der schönsten 4WD-Strecken, was die Aussicht betrifft, ist der Blue Rag Range Track. Während fast der gesamten Fahrt über den Bergkamm gibt es tolle Ausblicke über die Berge und Wälder.

Victorian High Country, auf dem Weg zum Blue Rag Range Track

Im Victorian High Country dominieren Bergketten und Gebirgstäler. Eine gute Voraussetzung für abenteuerliche Strecken durch die australischen Alpen. Für 4WD-Enthusiasten gibt es ein weit verzweigtes Netz an Pisten in allen möglichen Schwierigkeitsstufen. Eine der ganz besonderen Strecken ist der Blue Rag Range Track. Die einspurige Piste verläuft über den Bergkamm und die Fahrt ist schlichtweg atemberaubend. Praktisch auf der gesamten Strecke genießt man geniale Aussichten auf die Umgebung. Bei schönem Wetter überblickt man die bewaldeten Berge des Victorian High Country bis weit in die Ferne.

Die Anfahrt erfolgt auf der Great Alpine Road von Bright via Harrietville (45 km bis zur Abzweigung) oder über Omeo via Hotham Hights (64 km bis zur Abzweigung). Von der Great Alpine Road auf die Dargo Plains Road abbiegen und nach weiteren zwölf Kilometern auf den Blue Rag Range Track abbiegen. Wer beim Start des Tracks steht, kann bereits die spektakuläre Streckenführung erkennen. In diesem Moment schlägt das Offroader-Herz höher.

Blue Rag Range Track

Auch wenn der Blue Rag Range Track eine Einwegstrecke ist, er ist einer der genialsten Tracks in der Gegend. Bereits auf den ersten Kilometern wird es anspruchsvoll. Die Piste ist ausgewaschen und es ist empfehlenswert den Allradantrieb zuzuschalten. Die ersten steilen Passagen folgen und es geht stetig aufwärts. Steil aufwärts. Volle Konzentration ist vom Fahrer gefordert und auch das Fahrzeug muss ganz schön schuften. Für die Anstrengungen wird man jedoch belohnt und zwar mit sensationellen Aussichten auf die hügelige Landschaft. Ein ganz besonderes Erlebnis ist auch die Fahrt auf dem Gebirgskamm. Der höchste Punkt ist Mount Blue Rag mit 1726 Metern. Das 360-Grad-Panorama ist umwerfend und man kann sehr weit sehen. Die silberfarbenen Skelette der Bäume geben der Landschaft einen besonderen, fast schon mystischen Hauch. Die Bäume sind übrigens abgestorben, als 2007 und 2013 schlimme Waldbrände gewütet haben. Die Natur regeneriert sich langsam und das Grün kommt von Jahr zu Jahr immer mehr zurück.

Plötzlich ändert sich das Landschaftsbild. Dichter Wald und sattes Grün dominieren. Der Track führt nun sehr steil talwärts und wieder ist volle Konzentration des Fahrers gefordert. Auf der Straße sind Stellen mit losem Schotter. Achtung, Rutschgefahr! Der Track schlängelt sich in engen Kurven den Hang hinunter bis man plötzlich vor einem Fluss steht. Besonders im Sommer bietet sich der Wongungarra River für ein erfrischendes Bad an. Hier endet der Track. Die Rückfahrt (16 km) erfolgt auf derselben Strecke bis zur Dargo High Plains Road.

Panorama auf der Rückfahrt auf dem Blue Rag Range Track

An der Kreuzung kann man entweder denselben Weg zurück nach Bright oder Omeo nehmen. Wer Richtung Bright weiterfährt, kann noch einen lohnenswerten Abstecher zum The Horn Lookout einlegen. Zum Aussichtspunkt kommt man über die Mount Buffalo Road (C535), die vom Dorf Porepunkah verzweigt. Porepunkah liegt zwischen Bright und Myrtleford. Die Fahrt zum The Horn Lookout, 35 Kilometer von Porepunkah, erfolgt über die kurvige Mount Buffalo Road. Die Straße endet beim Parkplatz und man muss denselben Weg zurückfahren.

Wer Lust auf eine zusätzliche Strecke abseits der ausgetretenen Pfade hat, kann auf der Dargo High Plains Road weitere 58 Kilometer auf unbefestigter Straße Richtung Süden fahren. Die Strecke verläuft durch Wälder und über Berge. 17 Kilometer bevor man die kleine Ortschaft Dargo erreicht, führt die McMillan Road (Grant Road) fünf Kilometer in westlicher Richtung zur historischen Stätte Grant. Von den Goldfeldern Grant und Crooked River, wie auch von den Dörfern, sind nur noch Ruinen alter Kamine, verrostete Gerätschaften und Maschinen übrig. Überreste eines Friedhofs sind ebenfalls noch erkennbar. Auch wenn nur noch wenig von der Besiedlung übrig ist, lohnt sich der Besuch.

Ende des Blue Rag Range Track

Blue Rag Range Track

Info

Lage: Das Victorian High Country befindet sich auf der Great Dividing Range, dem östlichen Gebirgszug Australiens, der sich von den Snowy Mountains bis zu den Grampians zieht. Die Gegend ist im Sommer bekannt für 4WD-Strecken in allen Schwierigkeitsgraden und im Winter für Skisport.

Anfahrt: von Bright via Harrietville auf der Great Alpine Road, 45 km bis zur Abzweigung auf die Dargo High Plains Road; von Omeo auf der Great Alpine Road bis Hotham Heights, 54 km und weitere 10 km bis zur Abzweigung auf die Dargo High Plains Road; weitere 12 km später startet der Blue Rag Range 4WD-Track.

Distanz: 27 km von der Kreuzung Great Alpine Road/Dargo High Plains Road bis zum Ende des Blue Rag Range Track

Reisedauer: 1 Tag

Beste Reisezeit: Dezember bis April

Öffnungszeiten: Frühling bis Herbst; im Winter (Mai bis Ende November) sind die meisten Tracks gesperrt.

Eintritt: nichts

Aktivitäten: 4WD-Touren, campen, Aussicht über das Victorian High Country genießen, historische Stätte Grant aus der Goldgräberzeit besuchen, wandern, mountainbiken, Skisport im Winter

Unterkünfte/Camping:

- In Bright, Omeo und Porepunkah gibt es mehrere Campingplätze und Hotels, letztere auch in Mount Hotham.
- Free Camping in Talbotville und bei der historischen Stätte Grant

Tasmania

10. Jacobs Ladder: Spektakuläre Passstraße in Tasmania
11. Wilde Natur entlang der Western Explorer Road
12. Bruny Island: Kleine Insel voller Highlights

Bluff Hill Point

Cape Barren Island
Hunter Island
Bass-Straße
Montagu
Cape Portland
Arthur River
Burnie
Devonport
Launceston
11. Western Explorer Road
Corinna
10. Jacobs Ladder
Trial
Harbour
TASMANIA
Bicheno
Gormanston
Strahan
Coles Bay
Franklin-Gordon
Wild-Rivers-
National Park
Strathgordon
South
West
Hobart
Fortescue
Southwest
National Park
12. Bruny Island
Recherche
Tasmanische
See

10. Jacobs Ladder: Spektakuläre Passstraße in Tasmania

Der Ben Lomond National Park liegt abseits der klassischen Touristenroute und wird deshalb nur von wenigen Reisenden besucht. Ein Abstecher zur spektakulären Passstraße namens Jacobs Ladder verspricht eine abwechslungsreiche Fahrt durch dünn besiedeltes Gebiet und dichte Wälder. Am spannendsten sind die letzten Kilometer bis zur Aussichtsplattform. Die Straße schlängelt sich hoch zum Ski Village. Im Winter ist im Berggebiet Skisport angesagt und im Sommer kann man mit Kängurus wandern gehen.

Egal, aus welcher Richtung her Reisende zum Ben Lomond National Park fahren, sie werden eine dünn besiedelte Gegend vorfinden. Der Nordosten von Tasmania ist geprägt von Weideland und Wäldern. Auf der Fahrt kommt man an Farmen und unbebautem Land vorbei.

Der schnellste Weg, um zum Ben Lomond National Park zu gelangen, ist von Launceston aus. Auf der Blessington Road erreicht man nach 60 Kilometern Upper Blessington. Von der Ostküste her ist es etwas weiter. Von St Marys kann man auf dem Esk Highway (A4) bis Fingal und dann auf die Mathinna Road (B43) abbiegen. Kürzer und interessanter ist es über die C430 mitten durch ein Waldgebiet. Die Straße beginnt als Mount Nicholas Road, wird zur Barnes Road und schließlich zur Evercreech Road bis sie in die Mathinna Road übergeht. Die Straße ist unbefestigt und führt durch den Wald.

Jacobs Ladder

Die kurvige, steile Strecke ist teilweise eng, dafür ist man mitten in der Natur. Erreicht man das kleine Dorf Mathinna, wechselt die Straße bereits wieder ihren Namen und das sogar mehrmals. Auf der Upper Esk Road (C401), dann Gunns Road, Roses Tier Road und schließlich Blessington Road kommt man von Osten her an dieselbe Abzweigung, die zum Ben Lomond National Park führt. Bei der eben beschriebenen Strecke ist GPS hilfreich, da im Wald unzählige Seitenstraßen abzweigen und die Beschilderung nicht vollständig ist.

Von St Helens an der Ostküste ist die Strecke auch sehr interessant. Auf dem Tasman Highway bis Pyengana und dort Richtung Ringarooma fahren. Auf der Strecke bietet sich ein Abstecher zu den St Columba Falls und zu den Ralph Falls an. Beide Wasserfälle sind mitten in der wilden Natur. Die Strecke führt durch Wald und am South George River entlang. Erreicht man Ringarooma, führt der direkte Weg durch praktisch unbewohntes Gebiet bis nach Upper Blessington.

Gehweg zum Lookout

In Upper Blessington ist der Weg zum Ben Lomond National Park ausgeschildert. Es folgen 18 Kilometer auf unbefestigter Straße durch dichten Wald und es geht stetig aufwärts. Durch den *bush* kann man in regelmäßigen Abständen einen Blick in die Tiefe erhaschen. Sobald sich der Wald lichtet, kommt die markante Felswand zum Vorschein. Der Wald endet kurz vor der Jacobs Ladder. Von unten sehen die Serpentinen unspektakulär aus. Erst in dem Moment, in dem man das Fahrzeug um die engen Kurven manövriert, wird einem bewusst, wie hoch es hinaufgeht. Kurz, aber intensiv ist die Passstraße. Oben angekommen, lohnt sich ein kurzer Stopp, um sich die Jacobs Ladder von oben anzuschauen. Ein kurzer Gehsteig führt direkt zur Aussichtsplattform. Eine gigantische Sicht auf die Umgebung und die spektakuläre Jacobs Ladder ist garantiert.

Pistenfahrzeug im Ski Village

Wer ganz bis zum Ende fährt, kommt zum Ski Village. Im Sommer ist nicht viel los und es fühlt sich eher wie eine Geisterstadt an. Der 165 Quadratkilometer große Ben Lomond National Park ist auf einem Plateau und bietet neben Skisportaktivitäten im Winter auch verschiedene Wandermöglichkeiten im Sommer. Die Wanderung zum Legges Tor, mit 1572 Metern ist dies der zweithöchste Berg in Tasmania, führt durch alpines Gebiet. Kängurus grasen zwischen Schneekanonen und Skiliften. Es gibt eine große Vielfalt an alpiner Flora und Fauna. Sehr typisch für den Ben Lomond National Park sind auch die bizarren Felsformationen. Das subvulkanische Gestein heißt Dolerit und ist härter als Granit.

Im Ski Village ist übrigens Endstation und es geht denselben Weg zurück ins Tal. So fährt man die Jacobs Ladder gleich zweimal. Die kurvenreiche Straße ist im Sommer gut befahrbar, bei Nässe und im Winter ist jedoch äußerste Vorsicht geboten, denn es muss mit schneebedeckten, rutschigen Straßen gerechnet werden. Im Ben Lomond National Park kann es übrigens auch im Hochsommer schneien.

Ski Village

Känguru auf der Wanderung

Info

Lage: Der Ben Lomond National Park befindet sich im Nordosten von Tasmania.

Anfahrt: 60 km südöstlich von Launceston, 101 km westlich von St Marys und 138 km südwestlich von St Helens. Ab der Abzweigung bei Upper Blessington zum Nationalpark ist die Straße unbefestigt. Kurz vor dem Bergdorf passiert man die steile Jacobs Ladder mit vielen Haarnadelkurven. Vorsichtig fahren.

Distanz: 60 km von Launceston bis zum Alpine Ski Village im Ben Lomond National Park

Reisedauer: 2 Stunden

Beste Reisezeit: Dezember bis März zum Wandern, für Wintersport Juli und August

Öffnungszeiten: immer; im Winter von Juni bis September sind Schneeketten obligatorisch. Es ist empfehlenswert sich vor der Anreise über die Straßenverhältnisse zu erkundigen, www.transport.tas.gov.au/road

Eintritt: Nationalpark-Tagespass 24 AUD pro Fahrzeug (bis 8 Personen) oder ein Holiday Pass, gültig für 8 Wochen, 60 AUD pro Fahrzeug (bis 8 Personen)

Aktivitäten: im Sommer wandern und picknicken; im Winter ist Schneesport aktuell.

Unterkünfte/Camping: *bushcamping* im Ben Lomond Campground, Toiletten vorhanden

11. Wilde Natur entlang der Western Explorer Road

Tasmanias Westküste ist wild und unentdeckt. Wer gerne abseits der ausgetreten Pfade unterwegs ist, wird entlang der Western Explorer Road fündig. Die wilde Natur ist ergreifend. Wind und Wellen sind an der Tagesordnung und man bekommt die Naturgewalten zu spüren. So ist der wilde Westen nichts für schwache Nerven, vor allem wenn man mit dem Camper unterwegs ist. Vier Jahreszeiten an einem Tag sind nichts Ungewöhnliches. Dafür entschädigt die gewaltig schöne Natur für die Strapazen.

Bluff Hill Point

Die Western Explorer Road verbindet die abgelegenen Orte Arthur River und Corinna an der Westküste von Tasmanien. Im kleinen Ort Arthur River gibt es einen Aussichtspunkt mit Blick auf die wilde Küste und Meerlandschaft. Edge of the World heißt der Lookout. Treffender könnte der Name nicht sein. Genauso fühlt es sich nämlich an, wenn man da steht und die Wellen beobachtet, die über die Felsen brechen. Die See ist an der Westküste meistens rau und unbarmherzig. Genau das macht sie so spektakulärer und eindrucksvoll.

Bevor es Richtung Western Explorer Road geht, bietet sich ein Abstecher zum Bluff Hill Point an. Nur fünf Kilometer nördlich von Arthur River biegt eine unbefestigte Straße zum Bluff Hill Point ab, wo man nach weiteren vier Kilometern den Leuchtturm erreicht. Wer von Marrawah anreist, kommt auf dem Weg nach Arthur River automatisch an der Abzweigung zum Bluff Hill Point vorbei. Vom Parkplatz beim Leuchtturm aus geht es zu Fuß weiter. Der Wanderweg erfolgt über Sanddünen, *bush*, Steinbrocken und Felsen bis ans Meer. Vorsicht, im *bush* und unter Steinen können sich Schlangen verstecken! Die Küste am Bluff Hill Point ist spektakulär. Wellen treffen hier mit voller Kraft auf die Felsen. Ein herrliches Schauspiel.

Wegweiser

Verlässt man Arthur River, erfolgen die ersten Kilometer auf der Rebecca Road (C214), einer kurvigen Teerstraße, die durch *bush* führt. Dies ist auch gleich der Vorgeschmack auf die einsame, praktisch unerschlossene Gegend in diesem Teil von Tasmania. Entlang der Strecke gibt es lohnenswerte Aussichtspunkte. Einer davon ist der Couta Rocks Lookout, der sich 14 Kilometer südlich von Arthur River befindet. Der Aussichtspunkt ist knapp ein Kilometer von der Rebecca Road entfernt. Couta Rocks bietet erneut Aussicht auf die wilde Westküste von Tasmania.

Weiter geht es rund 16 Kilometer auf der C214 bis bei der Verzweigung die Straße von Smithton auf die unbefestigte, gut ausgebaute Western Explorer Road (C249) trifft. Das erste Stück erfolgt durch üppige Landschaft. Die Fahrt durch die Arthur-Pieman Conservation Area (1030 km²) ist nicht nur wegen der Aussicht auf die wilde Natur faszinierend, sondern auch für das Gefühl der Abgeschiedenheit. Handynetz gibt es keines und nur selten kommt ein anderes Fahrzeug entgegen. Auch Häuser sind weit und breit nicht zu sehen. So fühlt man sich auf der Fahrt ganz besonders privilegiert, dass man durch diese beeindruckende Gegend fahren kann.

Western Explorer Way

Unberechenbares Wetter

Das Landschaftsbild ändert sich stetig. Nach der üppigen, grünen Landschaft folgt ein Stück durch karges Land, das eher an eine Mondlandschaft erinnert. Es gibt kaum größere Bäume, der Boden wirkt unfruchtbar und ist felsig. Es wird hügelig und die Straße schlängelt sich die Erhebungen hoch und wieder herunter. Unbedingt auf den Kuppen stehen bleiben und die weite Landschaft auf sich wirken lassen. Die Umgebung verändert sich, je weiter südlich man kommt. Kurz vor Corinna werden die Bäume wieder größer und man befindet sich plötzlich in einem üppigen Wald. Nach zwei bis drei Stunden Fahrt erreicht man schließlich die ehemalige Goldgräberstadt Corinna. Der kleine Ort ist isoliert und mitten in der Wildnis. Hier trifft man auf die Vergangenheit, denn Corinna ist eine ehemalige Goldgräbersiedlung. Wer tiefer in das Leben dieser Gegend eintauchen möchte, kann in historischen Minenarbeiter-Cottages übernachten.

In Corinna gibt es auch ein Hotel. Das Tarkine Hotel bietet Mahlzeiten und Getränke an. Zudem ist es Rezeption und Informationsbüro in einem. In der Umgebung gibt es verschiedene Optionen zum Wandern und Kajaken, oder man kann eine Bootstour auf dem Pieman River unternehmen. Der Fluss windet sich durch die üppige Landschaft.

Fähre Fatman Barge

Über den Pieman River gibt es keine Brücke. Um auf der Western Explorer Road (C249) weiter zu fahren, muss man die Fähre nehmen. Die Fatman Barge transportiert Fahrzeuge gegen eine Gebühr über den Pieman River. Die Überfahrt auf die andere Flussseite dauert nur wenige Minuten, bevor man bereits wieder auf der C249 durch dichten Wald weiter fahren kann. Es folgt bald eine T-Kreuzung, wo die unbefestigte Western Explorer Road endet. Das letzte Stück bis Zeehan erfolgt auf Teerstraße und somit endet auch das Abenteuer durch die Wildnis. Von Corinna bis Zeehan sind es knapp 50 Kilometer.

Wer nicht mit der Fähre über den Pieman River fahren möchte, kann auch die Umfahrung nehmen. Dabei geht es zuerst in nordwestlicher Richtung nach Savage River auf der Corinna Road (C247) und dann auf der Waratah Road (B23) bis Waratah. Von dort fährt man auf dem Murchison Highway (A10) weiter bis nach Zeehan. Von Corinna bis Zeehan sind es etwa 156 Kilometer.

Info

Lage: am Southern Ocean im Nordwesten von Tasmania

Anfahrt: Die Western Explorer Road erreicht man über die A2 von Smithton, die auf die Arthur River Road (C214) südlich von Marrawah trifft. Von Nordosten kann man auf der Blackwater Road (C214) anfahren und von Süden ist es via Corinna möglich auf die Western Explorer Road (C249) zu kommen.

Distanz: 170 km von Marrawah bis Zeehan, 156 km von Arthur River bis Zeehan

Reisedauer: 1 Tag

Beste Reisezeit: Dezember bis März

Öffnungszeiten: immer

Eintritt: nichts. Überfahrt mit der Fähre bei Corinna, Fatman Barge, 28 AUD für Autos, höhere Kosten für größere Wohnmobile und Fahrzeuge mit Anhänger

Aktivitäten: 4WD-Tracks in der Arthur-Pieman Conservation Area, *bush walking*, Aussicht genießen, kajaken oder Bootstour auf dem Arthur River

Unterkünfte:

- In Arthur River und Zeehan gibt es Campingplätze und Hotels (z. B. Tarkine Hotel)
- In Corinna kann man in Cottages übernachten.
- Free Camping beim Green Point in Marrawah
- Kostenpflichtige Campingplätze von Parks and Wildlife Tasmania sind in Arthur River Manuka, Peppermint und Prickly Wattle Campgrounds.

***Achtung*:**

- Für die Fahrt auf der Western Explorer Road benötigt man keinen Nationalpark-Pass.
- Wer in Arthur-Pieman eine der 4WD-Strecken fahren will, braucht einen Recreational Drivers Pass. Die Tracks sind markiert und mit dem Kauf des Passes gibt es Kartenmaterial und wichtige Informationen. Den Drivers Pass kann man in einem Service Tasmania Shop oder beim Arthur River Parks Office online bestellen, Monatspass 30 AUD, Jahrespass 50 AUD, shop.parks.tas.gov.au
- Die Western Explorer Road ist einfach zu fahren. Ein 4WD ist empfehlenswert, bei trockenem Wetter auch mit 2WD möglich.
- Straße und 4WD-Tracks können wegen schlechten Wetters gesperrt werden. Treibsand und Wellen können gefährlich sein.

12. Bruny Island: Kleine Insel voller Highlights

Tasmania ist schon lange kein Geheimtipp mehr und so steht der Inselstaat bei vielen Reisenden auf dem Programm. Nur wenige jedoch finden den Weg nach Bruny Island. Mit schönen Buchten, atemberaubenden Klippen und tollen Wanderungen muss sich die kleine Insel nicht vor der Hauptinsel verstecken.

Die Insel Bruny ist klein und es ist möglich, fast alle Straßen sowohl in North Bruny Island als auch auf dem südlichen Teil der Insel in einem Tag zu befahren. Da es viele Wanderungen auf Bruny Island gibt, lohnt es sich ein paar Tage für die Erkundung einzuplanen. Besonders beeindruckend ist die Küstenlandschaft bei der Adventure Bay, die man zu Fuß erkunden kann. Das Fluted Cape ist landschaftlich ein Highlight auf Bruny Island.

Bruny Island – auf der Nordinsel

Aussicht auf The Neck

In Kettering, an der Ostküste von Tasmania, wartet die Fähre täglich auf Passagiere. Die Fähre verkehrt praktisch stündlich den ganzen Tag zwischen Kettering und dem Roberts Point. Es gibt einen Sommer- und Winter-Fahrplan und man kann als Passagier und mit dem Fahrzeug von Insel zu Insel fahren. Die Überfahrt dauert rund 20 Minuten und bei gutem Wetter gibt es die Panoramaschifffahrt gleich mit dazu. Der Hafen auf Bruny Island ist klein, so klein, dass es außer einem Kiosk nicht viel Erwähnenswertes gibt. Der Hafen Roberts Point befindet sich auf North Bruny Island, und auf der Lennon Road (B66) erreicht man nach wenigen Kilometern bereits die Mitte der Insel. Es bietet sich an zuerst ganz in den Norden zu fahren. Nach drei Kilometern auf der Bruny Island Main Road (C625) biegt man auf die Church Road ab. Diese führt zur Barnes Bay. Zurück auf der C625 kann man im Uhrzeiger- oder Gegenuhrzeigersinn bis Dennes Point, der nördlichsten Ortschaft von North Bruny Island, fahren. Der schöne Sandstrand etwas außerhalb des Dorfes lädt zu einem Spaziergang ein. Zurück zur Inselmitte geht es 14 Kilometer in südlicher Richtung auf der C625, wo man schließlich wieder auf die B66 trifft. Dies ist die Hauptstraße, welche die Nord- mit der Südinsel verbindet.

Auf der B66 geht es zu The Neck. So heißt der schmale Landstreifen, der beide Inseln miteinander verbindet. Vom Aussichtspunkt aus kann man gut sehen, dass nur eine schmale Sandbank das Verbindungsstück der zwei Inseln bildet. Die Aussicht auf die Adventure Bay und den offenen Ozean ist großartig. Der nächste Stopp ist Alonnah, einer der größeren Orte auf Bruny Island. In Alonnah gibt es einen kleinen Hafen und das Hotel Bruny. Von Alonnah sieht man bei gutem Wetter die Küste von Tasmania.

Auf der B66 und der C629 Lighthouse Road geht es 25 Kilometer bis zum Cape Bruny Lighthouse. Der Leuchtturm hat eine lange Geschichte und kann im Rahmen einer Tour besichtigt werden. Er ist zwischen 1836 und 1838 erbaut worden, seit 1996 jedoch nicht mehr in Betrieb, sondern er wurde durch ein solarbetriebenes Lichtsystem ersetzt. Die Aussicht vom Cape Bruny Lighthouse ist atemberaubend. Hier blickt man in Richtung Southern Ocean und in weiter Ferne ist die Antarktis. Vom Leuchtturm geht es vier Kilometer in nördlicher Richtung zum Jetty Beach, wo es Campingmöglichkeiten sowie einen schönen Wanderweg gibt. Der Luggaboine Circuit startet beim Parkplatz und die 1,5-stündige Wanderung führt durch *bush* und die wilde Natur von Bruny Island.

Cape Bruny Lighthouse

Vom Jetty Beach fährt man zuerst auf der Old Jetty Road wieder südlich und dann auf der Lighthouse Road (C629) und über die Cloudy Bay Road (C644) zur Cloudy Bay. Die wunderschöne Bucht bietet einen tollen Sandstrand. Wer sich nicht vor kaltem Wasser scheut, kann hier schwimmen gehen. In der Cloudy Bay gibt es tolle Campingspots im Nationalpark. Am schönsten und abgelegensten sind die Stellplätze beim Cloudy Bay Corner Beach. Achtung, diese sind nur bei Ebbe erreichbar (Anfahrt über den Strand, 2 km, 4WD empfehlenswert)! Somit ist eine gute Planung Voraussetzung.

Adventure Bay

In der Adventure Bay an der Ostküste wartet ein Highlight. Die Anfahrt von Cloudy Bay führt mitten durch die Südinsel. Nach 20 Kilometern erreicht man den Captain Cook's Landing Place. Hier heißt es die Wanderschuhe schnüren. Die Wanderung zum Grassy Point führt am Strand entlang, wo man Seelöwen sehen kann. Wer Lust auf eine längere Wanderung hat, sollte weiter bis zum Fluted Cape. Für die 5,4 Kilometer sollte man rund zwei Stunden rechnen. Wer im Gegenuhrzeigersinn startet, hat den anstrengenden Teil zum Beginn der Wanderung. Die erste Stunde führt durch *bush* und Wald steil aufwärts bis zum höchsten Punkt der Rundwanderung. Als Belohnung gibt es eine tolle Aussicht auf die Klippen und das Meer. Die Klippen, die senkrecht ins Bodenlose gehen, sind spektakulär. Oft weht ein starker Wind und so knallen die Wellen an die Felsen. Es ist ein faszinierendes Erlebnis, den Wellen zuzuschauen.

Kleiner Hafen bei Alonnah

Der Wanderweg führt schließlich nahe an der Abbruchkante entlang, sodass man tolle Aussichten auf das Meer und die Klippenlandschaft hat. Das letzte Stück führt nochmals durch *bush*, bis man schließlich wieder den Startpunkt an der Adventure Bay erreicht. Wer die beeindruckende Küstenlandschaft vom Wasser aus sehen möchte, kann in der Adventure Bay eine Bootstour buchen.

Der direkte Weg von der Adventure Bay zurück zur Fähre am Roberts Point führt über die Adventure Bay Road (C630) und die Bruny Island Main Road (B66). 38 Kilometer sind es so von der Südinsel via The Neck auf die Nordinsel.

Info

Lage: Insel nordöstlich von Hobart in der Tasman Sea

Anfahrt: mit der Fähre von Kettering bis Roberts Point auf Bruny Island; die Fähre verkehrt täglich fast stündlich, brunyislandferry.com.au/bruny-island-ferry-timetable

Distanz: rund 200 km

Reisedauer: 1 bis 3 Tage

Beste Reisezeit: Januar bis April

Öffnungszeiten: immer

Eintritt: Ticket für die Fähre von Kettering nach Bruny Island ab 33 AUD Fahrzeug bis 6 Meter, ab 54 AUD (6-10 m), ab 75 AUD (10-15 m) und länger als 15 m ab 95 AUD hin und zurück. Passagiere reisen kostenlos. Nationalpark-Tagespass für South Bruny National Park 24 AUD pro Fahrzeug (bis 8 Personen), Holiday Pass (8 Wochen) 60 AUD für alle Nationalparks in Tasmania.

Aktivitäten: wandern, schwimmen, campen, Leuchttürme besichtigen und Bootstouren

Unterkünfte:

- Hotels und Campingplätze bei Adventure Bay und Alonnah
- Camping im South Bruny National Park bei Cloudy Corner, Jetty Beach und Bruny Neck mit Toiletten und Feuerstellen, 10 AUD für 2 Personen, weitere Person 5 AUD (ab 18), 2,50 AUD Kinder (5-17), 15 AUD Familie (2 Erw., 3 Kinder)

***Achtung*:** Vor Wanderungen auf Bruny Island unbedingt die Wetterprognosen abklären. Das Wetter kann sich schlagartig ändern.

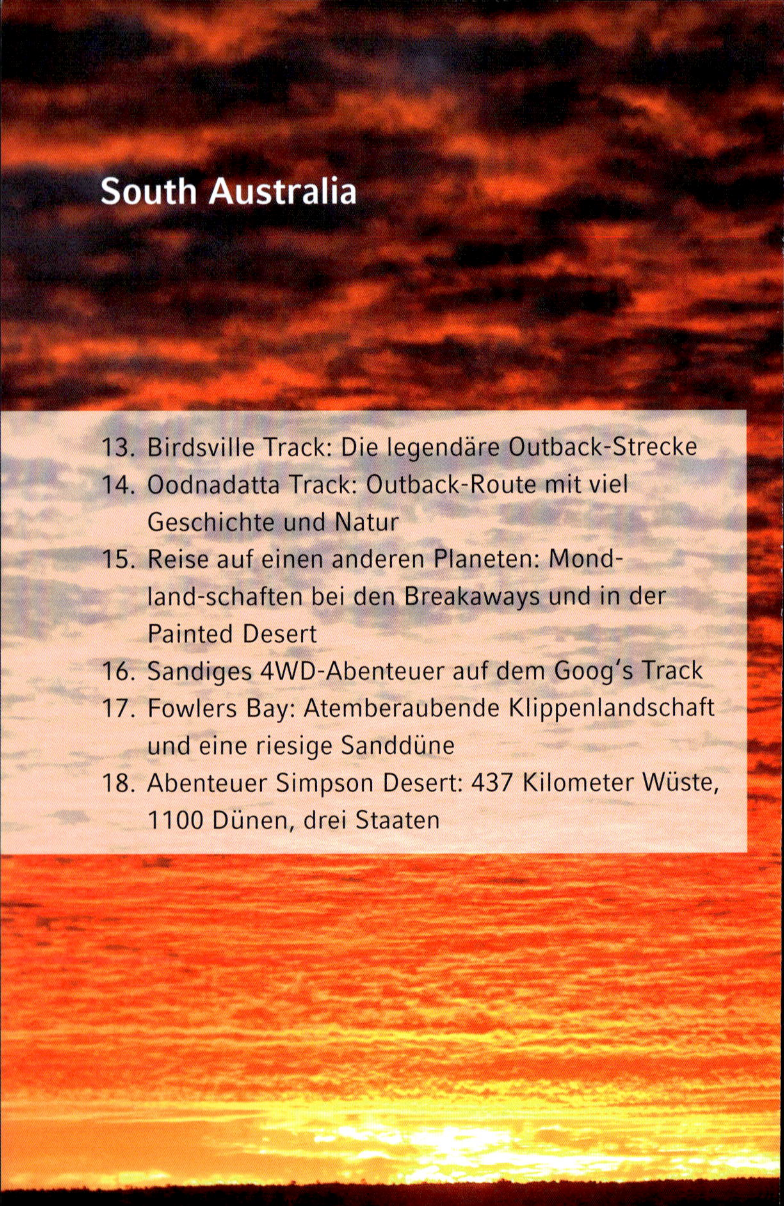

South Australia

13. Birdsville Track: Die legendäre Outback-Strecke
14. Oodnadatta Track: Outback-Route mit viel Geschichte und Natur
15. Reise auf einen anderen Planeten: Mond-land-schaften bei den Breakaways und in der Painted Desert
16. Sandiges 4WD-Abenteuer auf dem Goog's Track
17. Fowlers Bay: Atemberaubende Klippenlandschaft und eine riesige Sanddüne
18. Abenteuer Simpson Desert: 437 Kilometer Wüste, 1100 Dünen, drei Staaten

Abendstimmung in der Simpson Desert

NORTHERN TERRITORY
QUEENSLAND
Birdsville
18. Simpson Desert
14. Oodnadatta Track
Marla
13. Birdsville Track
15. Breakaways und Painted Desert
Lake Eyre
Coober Pedy
Marree
SOUTH AUSTRALIA
Lyndhurst
Lake Torrens
16. Goog's Track
Lake Gairdner
17. Fowlers Bay
Ceduna
Cactus Beach
Port Augusta
Whyalla
Port Pirie
Große Australische Bucht
Spencer Gulf
Port Lincoln
Gawler
Adelaide
Morphett Vale

13. Birdsville Track: Die legendäre Outback-Strecke

Der Birdsville Track ist eine bekannte 4WD-Strecke im Nordosten von South Australia. Schwierig ist die Strecke nicht, aber abgelegen. So führt der Birdsville Track 517 Kilometer durch einsames, abgelegenes Wüstengebiet von Birdsville nach Marree. Wilde Pferde, einsame Staubstraßen, ein fantastischer Sternenhimmel und karge Landschaft begleiten Reisende während der Fahrt durch das australische Outback.

Die staubige Piste zu befahren, ist keine große Herausforderung, trotzdem ist eine gute Vorbereitung wichtig, wer sich auf die Fahrt durch das Outback begibt. Die unbefestigte Straße ist breit und während der Trockenzeit einfach befahrbar. Anders sieht es aus, wenn es geregnet hat. Dann kann die Straße zur Schlammpiste werden. Ein Geländewagen ist für eine angenehme und sichere Fahrt empfehlenswert.

Ab 1870 wurde die Route von Viehtreibern benutzt. Die Viehherden sind von Birdsville zum Bahnhof in Marree getrieben worden, um sie dann mit der Bahn nach Adelaide und Melbourne zu transportieren. Um die Herden mit Wasser zu versorgen, wurde das Artesische Becken an mehreren Stellen angezapft. So trifft man entlang des Birdsville Tracks regelmäßig auf Quellen. Inzwischen sind die Viehtreiber verschwunden, denn heute werden die Rinder in riesigen Roadtrains transportiert. Aus der ehemaligen Viehstrecke ist so eine beliebte Route für 4WD-Enthusiasten geworden.

Birdsville Track

Mirra Mitta Bore

Birdsville befindet sich im Outback von Queensland. Heute leben hier 115 Menschen. Die Straßen im Ort sind geteert, die meisten Wege, die zum Outback-Ort führen, jedoch unbefestigt. Die bekannteste Attraktion ist das Birdsville Hotel, das 1884 erbaut wurde. Die historische Outback-Unterkunft ist australienweit bekannt und es gibt kaum Besucher, die nicht im Birdsville Hotel einkehren. Wer mehr über die herausfordernde Aufgabe wissen will, wie die medizinische Versorgung im Outback sichergestellt werden kann, findet Informationen und Ausstellungsmaterial im alten Krankenhaus. Und dann gibt es noch den Pelican Point mit einem großen Wasserloch. Der perfekte Ort für Vogelbeobachter oder um den Sonnenuntergang zu bewundern.

Der Birdsville Track startet im Staat Queensland, verläuft jedoch bis auf wenige Kilometer durch South Australia. Wer Birdsville hinter sich lässt, verabschiedet sich für die nächsten 517 Kilometer von der Zivilisation. Blitzschnell kommt das große Outback-Feeling auf, denn auf dem Birdsville Track ist man umgeben von Wüste: Strzelecki Desert, Simpson Desert, Sturt Stony Desert und Tirari Desert. Auf der Fahrt ist man umgeben von endloser Weite, Bäume gibt es praktisch keine und wenn, sind sie ganz klein. Nach 279 Kilometern auf dem Birdsville Track erreicht man das Mirra Mitta Bore. 1901 wurde in die Tiefe gebohrt, und aus über 1000 Metern Tiefe gelangt nun Wasser aus dem Artesischen Becken an die Oberfläche. Das nächste bisschen Zivilisation ist das Mungerannie Hotel, das sich etwa in der Mitte der gesamten Strecke befindet, ein willkommener Zwischenstopp auf der sonst einsamen Strecke. Wer Treibstoff braucht, kann hier seinen Tank füllen. Kühle Drinks und Mahlzeiten gibt es ebenfalls und campen kann man auch. Inzwischen befindet man sich 315 Kilometer südlich von Birdsville.

Am Birdsville Track

Bei Kilometer 357 kann man in das Leben der frühen Einwanderer eintauchen. Die Mulka Ruins sind ein typisches Beispiel für das harte Leben in dieser Gegend. Die Mulka Station hatte anfangs des 19. Jahrhunderts rund 1000 Rinder und 300 Ziegen bewirtschaftet. Extreme Dürre hat leider ihre Spuren hinterlassen. Inzwischen sind nur noch ein paar Ruinen und ein einsames Grab übrig geblieben.

Weiter auf der Strecke folgt der Cooper Creek Floodway. Während der Trockenzeit ist dieser einfach zu durchfahren, außer dass es etwas rau ist und scharfkantige Steine auf dem Track liegen. Während der Regenzeit kann das Gebiet überflutet sein, sodass man auf die Umfahrung ausweichen muss. An dieser verkehrt tagsüber dann eine Fähre über den Fluss. Die Wahrscheinlichkeit, dass man dies erlebt, ist jedoch sehr klein.

Wer denkt, die Wüste sei immer trocken, irrt sich. Die Dulkaninna Wetlands sind dank dem Bohrloch, das Wasser vom Artesischen Becken anzapft, entstanden. Die Oase ist auch bei der Tierwelt beliebt. Einen weiteren Stopp empfiehlt sich beim Lake Harry Homestead. Die Ruinen und das verrostete alte Auto erinnern an eine früher existierende Dattelplantage. Das Experiment Datteln zu züchten ist leider gescheitert, denn das Bewirtschaften der Palmen war bei zu geringer Ausbeute zu aufwendig.

Mulka Ruinen

Erlebe die Faszination Australiens
Australia Travelteam
Individualreisen vom Spezialisten
Wohnmobile – Mietwagen und deutsche Kleingruppenreisen
Australia Travelteam
35 Jahre Erfahrung
08142-580031
www.australia-travelteam.com
info@australia-travelteam.com
Karwendelstr. 1 | 82194 Gröbenzell

Marree, alte Lock der Ghan

In Marree endet der Birdsville Track. Marree war einst Station für Kamelkarawanen, später bedeutende Verladestation von Vieh und auch ein wichtiger Stopp für den Personenverkehrszug The Ghan. Der Bahnhof in Marree wurde stillgelegt und es finden sich hier nur noch drei alte Diesellokomotiven und Überreste der Bahngeleise, die an die glorreiche Vergangenheit erinnern.

Wer noch mehr Outback erleben möchte, kann von Marree aus gleich auf dem Oodnadatta Track (siehe Tipp 14, Seite 104) nach Alice Springs fahren. Wer sich nach Meer und einer Stadt sehnt, erreicht Adelaide 650 Kilometer in südlicher Richtung.

Info

Lage: Der Birdsville Track befindet sich im Nordosten von South Australia und ein kurzes Stück in Queensland.

Anfahrt: Von Mount Isa im Outback Queensland sind es 685 km bis Birdsville. Von Adelaide bis Marree sind es 657 km.

Distanz: 517 km

Reisedauer: 2 bis 3 Tage

Öffnungszeiten: immer; während der Regenzeit kann der Birdsville Track gesperrt werden.

Beste Reisezeit: April bis November, die Sommermonate sind heiß und nicht empfehlenswert.

Eintritt: nichts

Aktivitäten: Outback-Erlebnis, campen in freier Wildnis, 4WD-Touren. Von Birdsville kann man auf dem Inside Track fahren und trifft nach 146 km auf den Birdsville Track. Achtung, der Track ist oft wegen Überflutung geschlossen!

- Am ersten Samstag im September finden die Birdsville Races statt. Während dieser Zeit steht Birdsville im Ausnahmezustand, da jeweils über 5000 Besucher zum Pferderennen anreisen. Unbedingt bei der Planung berücksichtigen!

Unterkünfte:

- In Marree und Birdsville gibt es Campingplätze und Hotels.
- Kostenlose Stellplätze befinden sich in Birdsville entlang des Diamantina River am Eingang des Ortes.
- Am Birdsville Track ist es beim Clayton Creek toll zum Campen.
- Es gibt *bushcamping* und Unterkünfte auf der Clayton Station. Das *bushcamp* bietet Toiletten, Duschen und sogar einen kleinen Pool mit heißem Wasser aus dem Artesischen Becken.

Versorgung:

- In Birdsville gibt es einen Campingplatz und ein Hotel; im Roadhouse befindet sich eine Werkstatt. Treibstoff und die nötigsten Lebensmittel sind auch erhältlich.
- In Marree sind Treibstoff und die nötigsten Lebensmittel erhältlich.

***Achtung*:**

- unbefestigte, zweispurige Straße, 4WD empfohlen
- Der Birdsville Track ist nicht schwierig zu fahren. Bei einigen Passagen, besonders in den Flussbetten, langsam fahren. Es gibt viele scharfe Steine. Je nach Saison weist die Strecke Bodenwellen auf.
- Der Track kann bei nassem Wetter unpassierbar oder gesperrt sein, www.dpti.sa.gov.au/OutbackRoads

14. Oodnadatta Track: Outback-Route mit viel Geschichte und Natur

Der Oodnadatta Track verbindet die Ortschaften Marree und Marla. Die legendäre Strecke folgt der Old Ghan Rail Route mitten durch das Outback. Langweilig ist es entlang des Oodnadatta Track keineswegs, denn es gibt Kunstgebilde, Ruinen ehemaliger Bahnstationen sowie abwechslungsreiche Landschaften zu entdecken. Faszinierend sind auch die Quellen, wo Wasser inmitten der Wüste aus dem Boden sprudelt. Zudem befinden sich zwei legendäre Outback-Pubs entlang der Strecke.

Oodnadatta Track

Obwohl der Oodnadatta Track eine bekannte Outback-Strecke ist, kann man sie gut als abseits der ausgetretenen Pfade bezeichnen. Nur wenige Reisende befahren nämlich die gut ausgebaute Piste und sehen sich dabei alle Attraktionen an. Um nichts zu verpassen, sollte man sich die Broschüre vom Pink Roadhouse in Oodnadatta organisieren. Diese gibt es im Tourist Information Centre in Marla, Marree, im Pink Roadhouse, oder man kann sie im Internet herunterladen.

Marree, Ruinen alter Lokomotiven des Ghan

Marree ist Start- oder Endpunkt des Oodnadatta Tracks. Rund 70 Einwohner leben hier, und es gibt ein Roadhouse, ein Hotel, einen Shop und einen Campingplatz. Ansonsten ist Marree ein verschlafener Ort, im Gegensatz zu früher, als der Bahnanschluss des Personenzugs The Ghan noch in Betrieb war. Seit 1980 ist dieser stillgelegt und heute erinnern nur noch alte, ausgediente Diesellokomotiven und überwucherte Gleise an die einst geschäftige Zeit.

Das Abenteuer startet westlich von Marree. Bei trockenen Verhältnissen ist die Strecke nicht extrem anspruchsvoll, trotz allem ist volle Konzentration beim Fahren gefordert. Bei trockenen Verhältnissen ist die Fahrt auch mit 2WD machbar, ein 4WD auf der breiten unbefestigten Straße ist jedoch empfehlenswert. Nach Regenfällen kann sich der Straßenzustand nämlich drastisch ändern und die Straße sich in eine lehmige Piste verwandeln. Bei starkem Regen kann die Strecke sogar für mehrere Tage gesperrt werden.

Mutonia Sculpture Park

Wenige Kilometer außerhalb von Marree befinden sich die Hergott Springs. Man kann die arthesischen Quellen sowie einen alten Friedhof besichtigen. Bereits nach 53 Kilometern gibt es die nächste Sehenswürdigkeit. Schon aus weiter Ferne sind die aufrecht stehenden Flugzeugwracks bei Alberrie Creek zu erkennen. Dieses Kunstwerk heißt Plane Henge und gehört zum Mutonia Sculpture Park. Die Skulpturen hat der Künstler Robin Cooke aus Schrott gebaut und verwandelt das Outback in eine Open-Air-Galerie. Die Fahrt folgt weiter der ausgedienten Trasse der Bahn entlang, und in regelmäßigen Abständen trifft man auf Ruinen der alten Zugstrecke der Old Ghan Railway.

Karg und trocken ist die Landschaft besonders während der Trockenzeit in den Monaten April bis Oktober. Nach weiteren 51 Kilometern erreicht man die verlassene Bahnstation Curdimurka und fühlt sich bei deren Anblick gleich einige Jahrzehnte in der Zeit zurückversetzt. Wieder zurück auf dem Oodnadatta Track erreicht man nach 23 Kilometern bereits die nächste Gelegenheit für einen Abstecher. Die Mound Springs sind heiße Quellen, die sich im Wabma Kadarbu Mound Spring Conservation Park befinden. Gut ausgebaute Gehwege führen zum Blanche Cup und The Bubbler, die beide vom artesischen Becken gespeist werden. Es ist faszinierend, dem heißen Wasser zuzusehen, das einfach so aus der Erde sprudelt. Die Quellen liegen an einer Sackgasse, so geht es denselben Weg zurück zum Oodnadatta Track.

Wer Lust auf ein Bad in einer heißen Quelle hat, kann dies bei Coward Springs tun. Einfach dem Wegweiser entlang des Oodnadatta Track folgen. Eine unbefestigte Piste führt direkt zum privat geführten Campingplatz, wo es verschiedene Übernachtungsmöglichkeiten gibt. Wer nur die Quelle besuchen möchte, kann dies gegen eine kleine Eintrittsgebühr (2 AUD pro Person) tun.

Der nächste lohnenswerte Stopp sind die Ruinen der Strangways Springs 154 Kilometer von Marree entfernt. 1862 wurde der Landwirtschaftsbetrieb besiedelt und es wurden Schafe und Rinder gezüchtet. 1870 war schließlich eine Telegrafen-Repeater-Station erbaut worden, um die Kommunikation zwischen Port Augusta und Darwin sicherzustellen.

Eine Oase inmitten des Outbacks ist das William Creek Hotel (205 km von Marree). Das Hotel ist nicht nur eine willkommene Abwechslung, sondern auch praktischer Versorgungsposten im Outback. Reisende können hier einkehren und Informationen über den Straßenzustand einholen. Das Roadhouse ist aber nicht nur Hotel und Pub, sondern auch Shop, Internetcafé, Campingplatz und Werkstatt zugleich.

Der Oodnadatta Track verläuft in nördlicher Richtung weiter. Es ist auch möglich einen Abstecher zum Lake Eyre zu machen (vor der Fahrt unbedingt über Straßenzustand und Wetter informieren!).

Mound Springs am Oodnadatta Track

Algebuckina Bridge

Nach dem William Creek Hotel geht es in nordwestlicher Richtung weiter. Die folgenden 129 Kilometer führen durch Outback pur. Endlose Weiten und flaches Land bis hin zum Horizont. So wirken die Ruinen der alten Bahnstation von Peake wie eine Fata Morgana. Noch extremer ist es aber, wenn man nach weiteren 19 Kilometern die längste Eisenbahnbrücke Südaustraliens erblickt. Die Algebuckina Bridge ist 580 Meter lang und wurde 1892 eröffnet. Der Neales River mit dem permanenten Wasserloch ist eine Oase inmitten der trockenen und kargen Landschaft. Auch wenn die Gegend sehr flach ist, verändert sich die Landschaft immer wieder. Besonders auffallend ist die Bodenbeschaffenheit, die von sandigem Untergrund zu *gibber plains* über grasbewachsene trockene Flächen wechselt. Auf der Weiterfahrt kommt man an der ehemaligen Siedlung Mount Dutton vorbei. Ein einsames Grab inmitten der steinigen Ebene erinnert an die Siedlung von damals.

Die rote Sandpiste führt weitere 40 Kilometer direkt zum Pink Roadhouse bei Oodnadatta. Das legendäre Roadhouse kann man allein schon wegen seiner auffälligen pinken Farbe nicht verfehlen. Ein Stopp bietet sich nach der langen Fahrt auf dem Oodnadatta Track geradezu an. Es ist der perfekte Ort, um seine Batterien aufzuladen, die Treibstofftanks zu füllen oder einfach ein leckeres Eis zu essen. Langsam neigt sich die Fahrt auf dem Oodnadatta Track dem Ende zu. Vom Pink Roadhouse sind es noch 211 Kilometer bis Marla, wo die unbefestigte Straße und somit der Oodnadatta Track endet.

Info

Lage: Der Oodnadatta Track befindet sich im Outback von South Australia. Marree liegt 652 km nördlich von Adelaide und von Marla sind es 454 km bis Alice Springs in nördlicher Richtung.

Strecke: von Marree bis Marla

Distanz: 617 km

Reisedauer: reine Fahrzeit rund 10 Stunden, empfehlenswert sind 2 bis 3 Tage

Beste Reisezeit: April bis November (im australischen Sommer ist es sehr heiß)

Öffnungszeiten: immer; bei starken Regenfällen kann der Oodnadatta Track gesperrt werden.

Eintritt: nichts

Aktivitäten: Besuch des Mutonia Sculpture Park, kurze Spaziergänge zu Wasserquellen im Wabma Kadarbu Mound Spring Conservation Park, Besichtigung von Ruinen der Old Ghan Railway, Fahrerlebnis durch Outback-Landschaft und campen im australischen Outback

Unterkünfte:

- Zimmer und Campingplätze in Marree, Marla, im William Creek Hotel, Pink Roadhouse und Coward Springs (nur Camping)
- *bushcamping* gibt es entlang des Oodnadatta Track bei Ricky's Roadside Camp, Pole Creek Floodway (ca. 30 km von Marree), Beresford Bore Siding Ruins und Peake Creek Siding

Versorgung: Einkaufsmöglichkeiten und Treibstoff in Marree, Marla, Oodnadatta und William Creek (limitiertes Angebot)

***Achtung*:**

- Fahrzeug muss in einwandfreiem Zustand sein!
- Genügend Wasser und Lebensmittel mitführen!
- Der Track kann bei nassem Wetter unpassierbar sein und deshalb gesperrt werden. Es ist sinnvoll sich vor der Abfahrt den Straßenzustand abzuklären, www.dpti.sa.gov.au/OutbackRoads

15. Reise auf einen anderen Planeten: Mondlandschaften bei den Breakaways und in der Painted Desert

Wer in der Opalstadt Coober Pedy ankommt, taucht in eine andere Welt ein. Die Landschaft ist karg, trocken, staubig und ganz anders als jene in Europa. Das macht Coober Pedy und die Umgebung so besonders, denn die Natur hat in der Wüste faszinierende Kreationen entstehen lassen. Steht man vor den Breakaways oder in der Painted Desert, fühlt man sich wie auf einem anderen Planeten.

Opalstadt Coober Pedy

Coober Pedy ist eine ganz spezielle Stadt. Sie ist umgeben von Wüste und rundherum gibt es viel Sand, Kies und Staub. Und tief in der Erde Opale. Aus diesem Grund bestehen in der Umgebung Hunderte von aktiven Opalminen. Besonders schön ist die Stadt nicht, dafür ist sie unglaublich speziell und faszinierend zugleich. Nicht nur wegen der Opale, sondern wegen der Einwohner – in Coober Pedy leben die meisten Menschen unter der Erde. Ein Grund dafür ist, sich vor den extremen Temperaturunterschieden zu schützen. Ein anderer kommt von früher, wo das

Heizen und Klimatisieren von Wohnungen und Häusern sehr teuer war. Das ausgeglichene Klima unter der Erde hat die Menschen dazu bewogen unter der Erde zu bauen. Es gibt aber nicht nur unterirdische Wohnungen, sondern auch Kirchen, eine Bar und einen Campingplatz.

Auch wenn die Landschaft um Coober Pedy eher öd und trocken aussieht, gibt es zwei wirklich sehenswerte Naturwunder in der Umgebung. Eins davon ist der Kanku-Breakaways Conservation Park, der sich 32 Kilometer nördlich von Coober Pedy befindet. Die faszinierende Landschaft erreicht man über den Scenic Drive entweder via Kempe Road oder den Stuart Highway. Wer den Scenic Drive fahren möchte, muss im Informationszentrum in Coober Pedy eine Bewilligung holen. Der Breakaways Lookout ist sensationell. Die Rundfahrt mit Start und Ende in Coober Pedy ist rund 70 Kilometer lang.

The Castle oder Salt and Pepper

Es gibt zwei Aussichtspunkte. Der eine heißt The Castle oder auch Salt and Pepper, der andere Moon Plain. Die Aussicht ist unglaublich. Als ob ein Künstler zwei Hügel, einer schneeweiß, der andere braun, als Kunstwert in der kargen Landschaft aufgeschüttet hätte. Beim Moon Plain Lookout ist die Landschaft ebenfalls gewaltig. Die Hügel sind entweder orange oder ganz weiß und geben der sonst kargen, eher trostlosen Umgebung intensive Farbe. Die Erhebungen sind einst von der Stuart Range weggebrochen und haben diese Mondlandschaft entstehen lassen. Weil die Landschaft so spektakulär ist, haben die Breakaways und die Moon Plain für verschiedene Filme als Kulisse gedient. Unter anderem wurden hier Szenen für die Filme Mad Max – Jenseits der Donnerkuppel und Ground Zero gedreht.

Painted Desert

CAMPING IN AUSTRALIEN
Downunder im Wohnmobil erfahren

Der Reiseführer gibt aus erster Hand einen umfassenden Einblick in die wunderbare Art des Campereisens in Australien. Angehende, aber auch erfahrene Wohnmobil-Urlauber erhalten darin praktische Tipps zum Thema. Routenvorschläge und weiterführende Infos wie persönliche Packtipps, Musikvorschläge oder ein umfangreiches Camping-Wörterbuch runden das Lesevergnügen ab.

Stefanie Stadon, 288 Seiten, 192 farbige Abbildungen,
Format 14,8 x 21 cm, 19,95 €
ISBN 978-3-944921-56-3

Online bestellen unter: www.360grad-medienshop.de/Camping-in-Australien

Pink Roadhouse Oodnadatta

Ein weiteres Highlight ist die Painted Desert, die sich etwas abgelegen rund 150 Kilometer nördlich von Coober Pedy befindet. Für die Fahrt sollte man rund zwei bis drei Stunden rechnen, da die unbefestigte Piste rau sein kann. Die Fahrt von Coober Pedy erfolgt auf der Kempe Road. Für Outback-Liebhaber ist die Fahrt spektakulär. Endlose Weite, weit und breit gibt es nichts außer Staub, Sand und Kies. Die Erde sieht unfruchtbar aus und es wächst nichts. Kein Busch, kein Baum. Es gibt weit und breit nichts zu sehen. Als Mensch fühlt man sich winzig klein und unbedeutend. Nach 144 Kilometern auf der Kempe Road in Richtung Norden biegt man auf die Painted Desert Road ab. Den Painted Desert Lookout erreicht man weitere 33 Kilometer später. Felsen in orange, rot und gelb leuchten in der Sonne und lassen die Umgebung unwirklich aussehen. Der Blick auf diese surreale Landschaft ist atemberaubend, und es fühlt sich an, als ob man auf einem anderen Planeten gelandet ist. In der Painted Desert gibt es zwei äußerst lohnenswerte Aussichtspunkte. Beide sind an der Painted Desert Road ausgeschildert.

Zurück auf der Kempe Road geht es weitere 54 Kilometer in nördlicher Richtung bis Oodnadatta. Dort wartet bereits das nächste Abenteuer. Der legendäre Oodnadatta Track, eine populäre Route durch das Outback von South Australia (siehe Tipp 14, Seite 104).

Coober Peddy

Info

Lage: im Zentrum von South Australia

Anfahrt: Coober Pedy ist 845 km nördlich von Adelaide, 688 km südlich von Alice Springs und 198 km von Oodnadatta entfernt. Von Leigh Creek bis Marree sind es 119 km, von Marree bis Coober Pedy sind es 370 km via William Creek und von Coober Pedy bis Oodnadatta sind es 197 km.

Distanz: 274 km

Reisedauer: 1 bis 2 Tage

Beste Reisezeit: April bis Oktober. Die Sommermonate sollte man meiden, denn es kann bis zu 50 Grad heiß werden.

Öffnungszeiten: immer; der Park kann bei hoher Gefahr von Feuer geschlossen werden.

Eintritt: Kanku-Breakaways Conservation Park 10 AUD pro Fahrzeug. Die Bewilligung kann im Coober Pedy Visitor Information Centre eingeholt werden, www.cooberpedy.com. Die Painted Desert kann kostenlos besichtigt werden.

Aktivitäten: kurze Wanderungen, Aussichtspunkte und Fahrerlebnis durch das Outback

Versorgung: Lebensmittel und Treibstoff in Coober Pedy und Oodnadatta (limitiertes Angebot)

Unterkünfte/Camping: In Coober Pedy und Oodnadatta (limitiertes Angebot) gibt es Campingplätze, Zimmer und Hotels.

***Achtung*:** Die Straße kann bei nassem Wetter unpassierbar oder gesperrt sein. Information gibt es im Visitor Centre in Coober Pedy, im Pink Roadhouse in Oodnadatta oder unter www.dpti.sa.gov.au/OutbackRoads

16. Sandiges 4WD-Abenteuer auf dem Goog's Track

Der Goog's Track im Yumbarra Conservation Park und Yellabinna Regional Reserve ist ein kurzes, aber intensives Offroad-Abenteuer. Auf 200 Kilometern gibt es rund 300 Sanddünen zu überqueren. Das Faszinierende an der Strecke sind natürlich die Sanddünen, aber auch der Goog's Lake. Der große Salzsee ist eine geniale landschaftliche Abwechslung in der trockenen, sandigen Umgebung.

Der Goog's Track startet in der Nähe der Lone Oak Station nördlich der Hafenstadt Ceduna. Die meisten fahren die Strecke von Süd nach Nord, was durchaus Sinn macht, da die Dünen so einfacher zu queren sind.

Dog Fence

Rund fünf Kilometer nachdem man Ceduna auf dem Eyre Highway in westlicher Richtung verlassen hat, biegt man auf die Kalanbi Road ab. Nach etwa 30 Kilometern auf unbefestigter Kiesstraße steht man vor einem Gatter und dem Dog Fence. Dieser Zaun hat den Zweck Dingos fernzuhalten. Insgesamt ist er 5614 Kilometer lang, startet in Queensland und verläuft bis in den Westen von South Australia. Das Gatter des Zauns ist Startpunkt für den Goog's Track, und dahinter beginnt auch gleich der Yumbarra Conservation Park.

Ausgetrocknete Lehmpfanne

Das erste Stück des Tracks führt durch rund zwei Meter hohen *bush*, die Piste ist sandig und nur noch einspurig. So kommt schnell ein Gefühl der Abgeschiedenheit, aber auch des Abenteuers auf. Nach 50 Kilometern erreicht man das Goog and Dinger Memorial. Die Gedenkstätte wurde für Vater und Sohn errichtet, die den Goog's Track von 1973 bis 1976 gebaut haben. An dieser Stelle führt ein weiterer Track zum Goog's Lake. Der Salzsee ist rund 15 Kilometer lang und an einigen Stellen über einen Kilometer breit. Der normalerweise ausgetrocknete Salzsee bietet sich perfekt zum Campen an. Je nach Saison teilt man den Platz jedoch mit lästigen Fliegen. Ein Fliegennetz hilft, sie zu ertragen und die schöne Umgebung zu genießen.

Zurück auf dem Goog's Track ist es bald notwendig den Reifendruck zu reduzieren, da die ersten Sanddünen folgen. Der rund 200 Kilometer lange Goog's Track verläuft über rund 300 Sanddünen. Einige davon sind um die 20 Meter hoch mit sandverwehten Dünenspitzen. Mit reduziertem Reifendruck fährt es sich viel besser durch Sand und über Dünen. Die ersten Dünen sind noch klein, sie werden jedoch stetig höher und fahrerisches Können ist gefragt. Wer trotz reduziertem Reifendruck noch immer Probleme mit der Überquerung der Dünen hat, sollte nochmals den Druck reduzieren. Oft ist der Reifendruck noch immer zu hoch.

Dornenteufel

Es lohnt sich auf der sandigen Piste Ausschau nach Dornenteufel zu halten. Das faszinierende Tier hat seine Heimat da, wo es sandig ist und es Ameisen zu fressen gibt. Mit etwas Glück entdeckt man einen der stachligen Kreaturen. Manchmal sitzen sie auch mitten auf dem Track und stehen wie angewurzelt da.

Der Track ist teilweise eng und dichter *bush* verwehrt in den Dünentälern oft die Sicht auf die Umgebung. Von den Dünen ist es jedoch immer wieder möglich einen Blick über die Wüstenlandschaft zu erhaschen. Gut 70 Kilometer nach dem Goog and Dinger Memorial und viele Dünenüberquerungen später erreicht man die Abzweigung zum Mount Finke. Ein schmaler Track führt sechs Kilometer westlich direkt zur Erhebung. Sobald man zum Mount Finke abbiegt, lässt man die Sanddünen hinter sich. Die Landschaft verändert sich auf einen Schlag. Roter Sand, flaches Land und die typisch australische Weite. Das letzte Stück bis zum Mount Finke ist steinig, und ein kurzer Spaziergang hoch auf den Hügel ist eine willkommene Abwechslung zu den vielen Sanddünen. Zurück zum Goog's Track geht es entweder denselben Weg zurück oder über einen zweiten Track, der ebenfalls zurück zum Goog's Track führt.

Zurück auf dem Goog's Track geht es mit kleineren Sanddünen weiter, diese nehmen jedoch langsam ab. Es folgt eine Lehmpfanne, die es zu überqueren gilt, und der Track wird breiter. Hier verlässt man das Yellabinna Regional Reserve bereits wieder. Die letzten 25 Kilometer fährt man noch auf dem Goog's Track, bevor dieser schließlich auf die Trans Australian Railway Service Road trifft. Die Siedlung Malbooma liegt zehn Kilometer östlich, und weitere 38 Kilometer entfernt befindet sich die ehemalige Goldminen Siedlung Tarcoola. Die Bahnstation in Tarcoola ist Knotenpunkt der beiden bekannten Züge The Ghan und Indian Pacific. Ansonsten ist Tarcoola nur noch eine Geisterstadt mit ein paar wenigen Einwohnern. Die letzten 124 Kilometer erfolgen auf der breiten, unbefestigten Tarcoola Road in nordöstlicher Richtung bis Glendambo, direkt am Stuart Highway. Hier endet das 4WD-Abenteuer und die Fahrt über etliche Sanddünen und Wüstengebiet endgültig.

Sanddünen entlang des Goog's Track

Entlang der Trans Australian Railway Service Road

Info

Lage: im Südwesten von South Australia im Outback

Anfahrt: von Ceduna auf dem Eyre Highway 5 km in nördlicher Richtung und weitere 30 km nördlich auf der Kalanbi Road; von Glendambo am Stuart Highway knapp 1 km in nördlicher Richtung auf die Tarcoola Road abbiegen; 160 km westlich erreicht man kurz vor Malbooma den Goog's Track.

Distanz: 352 km von Ceduna bis Glendambo

Reisedauer: 1 bis 2 Tage

Beste Reisezeit: Mai bis Oktober

Öffnungszeiten: immer, bei hoher Feuergefahr oder Bränden kann der Park geschlossen werden.

Eintritt: Ein Permit wird benötigt, wenn man Richtung Osten von den Lois Rocks zum Childara Rockhole und der Lake Everard Station fahren möchte (Tel.: +61 8 8648 1884).

Aktivitäten: 4WD-fahren, Spaziergang am Goog's Lake, Mount Finke oder dem Denkmal von Goog und Dinger Denton, Vögel beobachten, Lagerfeuer genießen und Sterne bewundern

Unterkünfte/Camping:
- Camping im Nationalpark am Goog's Lake mit Toiletten und Picknicktischen, 12 AUD
- *bushcamping* bei Kingoonya und außerhalb von Tarcoola
- Kommerzielle Campingplätze in Ceduna und Glendambo

***Achtung*:**
- Es wird empfohlen, den Googs Track in nördlicher Richtung zu fahren. Die Dünen sind steiler und schwieriger zu befahren von Nord nach Süd.
- Zur Kommunikation mit entgegenkommenden Fahrzeugen ist ein Funkgerät empfehlenswert.
- Das Fahren über Sanddünen benötigt mehr Treibstoff. Unbedingt genug Reserve einrechnen.
- Für den Notfall genug Wasser und Lebensmittel mitnehmen. Läden gibt es in Ceduna und Glendambo.

17. Fowlers Bay: Atemberaubende Klippenlandschaft und eine riesige Sanddüne

Am Rande der baumlosen Nullarbor Desert liegt die Kleinstadt Ceduna. Sie ist Versorgungsort für Reisende, die sich auf die lange Fahrt durch die Nullarbor Plain nach Western Australia vorbereiten. Auf der Fahrt Richtung Westen bietet sich der Abstecher zum kleinen Fischerort Fowlers Bay an. Die Landschaft ist einzigartig, denn das Dorf befindet sich direkt neben einer riesigen Düne. Im angrenzenden Nationalpark gibt es zudem ein kurzes 4WD-Abenteuer zu schroffen Klippen und traumhaften Stellplätzen am Meer.

Auf der Fahrt von Ceduna in den Westen nimmt die Besiedelung immer mehr ab. Die Dörfer werden kleiner und weniger, dafür gibt es unzählige Strände. Einige davon befinden sich in der Fowlers Bay, im Fowlers Bay Conservation Park und auf dem Weg dahin. Die Küste ist in diesem Teil von Australien wild und wunderschön.

Scott Bay

Penong Windmill Museum

In der Ortschaft Penong, 72 Kilometer südwestlich von Ceduna entfernt, lohnt sich ein Stopp im Penong Windmill Museum. Dutzende restaurierte Windräder sind auf einer großen Wiese ausgestellt und drehen sich im Wind. Informationstafeln erklären mehr zum Projekt und der Geschichte der Windräder, welche auch immer wieder im Outback zu sehen sind. Penong ist aber auch bekannt unter den Surfern. Rund 20 Kilometer südlich des Ortes befindet sich der Cactus Beach, einer der bekannten Surfstrände in Australien. Achtung, die Wellen sind nicht zu unterschätzen und nur für fortgeschrittene Surfer zu empfehlen! Ein wichtiger Wirtschaftszweig in dieser Gegend ist auch der Fischfang.

Die Weiterfahrt erfolgt auf dem Eyre Highway mit dem Ziel Fowlers Bay. Der Küstenort ist über mehrere Straßen erreichbar. Entweder zweigt man nach 110 Kilometer nach Ceduna auf die Borree Corner Road und die Fowlers Bay Road ab oder nach 119 Kilometer direkt auf die Fowlers Bay Road. Eine dritte Möglichkeit ist nach 147 Kilometern auf dem Eyre Highway auf die Coorabie Road abzubiegen. Diese führt nach Coorabie und Fowlers Bay. Egal, wo man abzweigt, es sind jeweils rund 30 Kilometer bis Fowlers Bay, nach dem Verlassen des Eyre Highway.

Aussicht von der Düne bei Fowlers Bay

Fowlers Bay befindet sich in der Great Australian Bight. Der Moment, in den man direkt auf das Meer zufährt, ist gigantisch. Das kristallklare Wasser schimmert türkis und es stellt sich sofort ein Urlaubs-Feeling ein. Die kleine Ortschaft befindet sich im Fowlers Bay Conservation Park und liegt in einer großen Bucht, die sich perfekt für ausgedehnte Spaziergänge oder zum Schwimmen eignet. Aktive können zum Point Fowler wandern. Der Weg führt auf die Landzunge mit wunderbarer Aussicht auf den Indischen Ozean.

Beeindruckend ist die riesige Sanddüne, die direkt an Fowlers Bay grenzt. Es wirkt fast so, als ob die Düne den kleinen Ort mit Sand zudecken wolle. Die beste Aussicht über Fowlers Bay und den Ozean hat man von der Düne. Im Sand auf die Düne zu klettern, braucht ganz schön Energie, denn ein Schritt vorwärts heißt im Sand einen halben Schritt zurück. Die Anstrengung lohnt sich aber auf jeden Fall. Hoch oben auf der Düne zu stehen ist ein besonderes Gefühl, so, als ob man inmitten der Sahara steht. Mit etwas Glück sieht man große Tümmler oder vielleicht sogar einen

Wal in der Ferne vorbei ziehen. In diese Gegend kommen zwischen Ende Mai und Anfang Oktober Wale, um ihre Jungen zur Welt zu bringen. Wer zur richtigen Zeit reist, kann Südkaper, Blauwale, Buckelwale, Pottwale oder sogar Orcas sehen. Also unbedingt während des Strandspaziergangs die Augen offen halten. Der beste Aussichtspunkt für Walbeobachtungen ist der Head of the Bight Lookout, der sich 196 Kilometer westlich von Fowlers Bay befindet. Der Lookout ist kostenpflichtig.

Sanddüne bei Fowlers Bay

Wer Lust auf ein kurzes 4WD-Abenteuer hat, findet hinter der riesigen Düne von Fowlers Bay die Scott Bay. Vom Dorf geht es auf der Coorabie Road in nordwestlicher Richtung. Beim Friedhof biegt man auf den Track ab, der zum Scott Point führt. Er führt durch eine große Salzpfanne und entlang der Sanddünen. Das Meer sieht man nicht, denn die Sanddünen versperren die Sicht. Wichtig zu wissen, die Piste ist nur bei schönem Wetter befahrbar. Die alternative Route verläuft über die Coorabie Road und Wookata Road. Diese führt zum Mexican Hat Camping und Scott Point. Die große Bucht mit dem breiten, weißen Sandstrand ist traumhaft. Wer sie lieber aus der Vogelperspektive bewundern möchte, kann auf die Klippen hoch wandern oder auch fahren. Die Tracks sind teils ausgewaschen und sandig. Ein Geländewagen ist empfehlenswert. Der Blick vom Scott Point in den Süden führt auf den Südlichen Ozean, wo sich in weiter Ferne die Antarktis befindet.

Abendstimmung am Scott Point

Info

Lage: Fowlers Bay liegt an der Südküste von South Australia in der Great Australian Bight.

Anfahrt: von Ceduna auf dem Eyre Highway nach 110 km auf die Borree Corner Road, dann auf die Fowlers Bay Road oder nach 119 km vom Eyre Highway direkt auf die Fowlers Bay Road oder nach 148 km via Coorabie bis Flowers Bay fahren

Distanz: 156 km von Ceduna bis Fowlers Bay Conservation Park, Abstecher zum Cactus Beach 40 km hin und zurück

Reisedauer: 1 Tag

Beste Reisezeit: Oktober bis Mai

Öffnungszeiten: immer

Eintritt: nichts

Aktivitäten: Spaziergang zum Point Fowler oder Scott Point, Düne besteigen und die Aussicht auf das Meer und den Ort Fowlers Bay genießen. 4WD-fahren, schwimmen in der Scott Bay, fischen am Scott's Beach und Mexican Hat. Head of the Bight Lookout für Walbeobachtung (kostenpflichtig, headofbight.com.au) von Ende Mai bis Anfang Oktober (196 km westlich von Fowlers Bay).

Unterkünfte/Camping:

- In Ceduna und Fowlers Bay gibt es Campingplätze, Zimmer und Hotels.
- Campingplätze im Fowlers Bay Conservation Park sind Mexican Hat Flat, Mexican Hat Headland (Cape Nuyts) und Scotts Beach, Toiletten bei Mexican Hat, 12 AUD pro Stellplatz. Diese müssen online vorab gebucht werden, www.environment.sa.gov.au/parks

***Achtung*:** Die Zufahrtsstraße von Fowlers Bay über den Salzsee zum Scott's Beach darf nur bei trockenem Wetter befahren werden.

18. Abenteuer Simpson Desert: 437 Kilometer Wüste, 1100 Dünen, drei Staaten

Ein einspuriger Track, Sanddünen ohne Ende und ein Sternenhimmel zum Verlieben. Die Simpson Desert ist wunderschön und anspruchsvoll. Für 4WD-Enthusiasten ist sie eine der großartigen Strecken, die Fahrer und Fahrzeug fordern. Die meisten starten in Dalhousie Springs und durchqueren die Simpson Desert von West nach Ost. Das Ziel ist die berühmte Big Red. Der Moment, wenn man nach der Querung der Simpson Desert über die 40 Meter hohe Sanddüne fährt, ist unbeschreiblich. In der Outback-Stadt Birdsville kann man dann den Erfolg gebührend feiern.

Wer in die sandige Wüste eintauchen, abends bei einem Lagerfeuer Millionen von Sternen schauen und die Ruhe des Outbacks genießen will, findet all dies in der Simpson Desert. Die Durchquerung der Wüste ist ein anspruchsvolles 4WD-Abenteuer. Es gibt mehr als 1100 Dünen zu überqueren. Eine Herausforderung für das Fahrzeug und den Fahrer. Und genau das ist der Reiz für 4WD-Begeisterte. Sie möchten die schwierige Strecke meistern und haben dabei ihren Spaß.

Dalhousie Springs

French Line

Das Gebiet der Simpson Desert ist mit 170.000 Quadratkilometern mehr als doppelt so groß wie Bayern. Kaum vorstellbar, dass es auf einer so ausgedehnten Fläche nur Wüste geben soll. Die Durchquerung der Simpson Desert ist von West nach Ost, aber auch von Ost nach West möglich. Wer plant durch die Simpson Desert zu fahren, muss wissen, dass manche der parallel verlaufenden Dünen von West nach Ost einfacher zu fahren sind. So sind die meisten von Dalhousie Springs in Richtung Birdsville unterwegs. Aus diesem Grund ist die Strecke in diesem Buch ebenfalls von West nach Ost beschrieben. Start ist in Dalhousie Springs, dann geht es auf dem French Line Track bis zur Poeppel Corner und auf dem QAA Line Track bis zur Big Red mit dem Ziel Birdsville.

Dalhousie Springs befindet sich im Witjira National Park und ist eine Oase inmitten der Wüste. Der große Pool wird vom artesischen Becken gespeist und ist so natürlich geheizt. Im Juni ist das Wasser um die 36 Grad. Geradezu perfekt sich und die Muskeln zu entspannen bevor es auf die anspruchsvolle 4WD-Strecke geht. Die Quelle ist zu Fuß vom Campingplatz erreichbar und so groß, dass man gut darin schwimmen kann. Wer auf dem Campingplatz übernachten will, benötigt einen Desert Parks Pass. Diesen braucht man auch, um durch die Simpson Desert zu fahren.

Spätestens in Dalhousie Springs sollte man die Sandflagge montieren. Ein Muss für alle, die die Simpson Desert durchqueren wollen. Es macht auch durchaus Sinn, denn bei Gegenverkehr kann die Sandflagge helfen, einen Zusammenstoß auf der Düne zu verhindern. Das erste Stück erfolgt auf der French Line, einer breiten Schotterpiste. Nach 52 Kilometern erreicht man die French Junction und nach weiteren 17 Kilometern die Purni Bore. Hier wurde das artesische Becken angezapft und einfach offen gelassen. So sind Unmengen von Wasser unkontrolliert in die Wüste geflossen und haben einen See entstehen lassen. Inzwischen ist das Bohrloch wieder verschlossen. Auf dem French Line Track, der 1964 von der French Petroleum Company gebaut wurde, geht es immer tiefer in die Wüste.

Dingo

Das richtige Abenteuer beginnt knapp 30 Kilometer nach der Purni Bore. Die Piste wird zum einspurigen, sandigen Track und ist fahrtechnisch anspruchsvoll. Es folgen immer mehr rote Sanddünen, die auch das Landschaftsbild dominieren. Die ersten Dünen sind noch einfach zu bewältigen, werden aber mit der Zeit immer höher und schwieriger zu überqueren.

Dünen in der Simpson Desert

Hat man die ersten höheren Dünen geschafft, stellt sich ein Freiheitsgefühl ein. Weit und breit nur Natur und ganz viel Sand. Stundenlang geht es über Dünen. Die Sanddünen werden immer anspruchsvoller und manche sind extrem ausgefahren und holprig. Teilweise ist es ein Kampf, aber natürlich auch ein richtiger Fahrspaß. Volle Konzentration und fahrerisches Können sind gefragt.

Schnelles Vorankommen ist unmöglich und eine Durchschnittsgeschwindigkeit von 25 km/h ist normal. Bei einer längeren Strecke mit tiefsandingen, aufeinanderfolgenden Dünen muss man für 90 Kilometer mit vier bis fünf Fahrstunden rechnen. Ganz wichtig ist, dass man frühzeitig den Reifendruck reduziert. Das Fahren im Sand ist so viel einfacher. Es ist nicht vorhersehbar, wie weit man an einem Tag kommt. Was vorhersehbar ist, sind die Dünen. Davon gibt es mehr als 1100 zu bewältigen. Auch am zweiten Tag geht es mit Dünen weiter und es gibt unzählige davon zu überqueren. Jedes Mal wenn man oben auf der Düne steht hat man den Überblick und eine grandiose Weitsicht auf die endlose Weite. In den Dünentälern gibt es gute Campingmöglichkeiten.

Natürlich bietet die Simpson Desert mehr als nur Sanddünen. Die Natur strotzt vor Leben. Spinifex, Wüstengräser und Wüstenblumen, Büsche und kleine dürre Bäume in den Dünentälern lassen die Wüste lebendig aussehen. Auch Tiere leben in der Simpson Desert. Wer sich Zeit lässt und die Augen offen hält, kann Wellensittiche, Greifvögel oder Dingos sehen. Zudem gibt es auch einige unerwünschten ständigen Begleiter, dazu gehören Insekten und Fliegen.

Nach mehr als 260 anstrengenden Kilometern über Dünen und durch Dünentäler erreicht man schließlich die Grenze. Vom French Line Track zweigt ein Track zur Poeppel Corner ab, der zum Grenzmarker (1 km) führt. Der Abstecher ist ein Muss, denn hier grenzen die Staaten Queensland, South Australia und das Northern Territory aneinander. Der French Line Track endet rund 1,5 Kilometer nach der Verzweigung zur Poeppel Corner.

264 Kilometer und Hunderte von Sanddünen liegen zwischen Dalhousie Springs und der Poeppel Corner. Dort wo der French Line Track endet, trifft man auf den K1 Line Track. Nun gibt es mehrere Möglichkeiten weiterzufahren. In Richtung Süden geht es auf der K1 Line zum Warburton Track und weiter bis zum Warburton Crossing. Wer diesen Weg wählt, trifft nach 191 Kilometern auf den Birdsville Track (siehe Tipp 13, Seite 97).

Salzsee in der Simpson Desert

Big Red

Die meisten Reisenden wollen jedoch zur bekannten Big Red, der größten Düne im Munga-Thirri National Park (Simpson Desert) und fahren in nördlicher Richtung auf der K1 Line weiter. Nach wenigen hundert Metern passiert man die Grenze und befindet sich somit in Queensland, dies aber nur für neun Kilometer. Die nächsten Kilometer geht es im Northern Territory in nördlicher Richtung bis zur T-Kreuzung, wo man auf die QAA Line trifft, weiter. Dieses Stück führt parallel zu den Dünen und um einen großen Salzsee, Lake Poeppel. Der ausgetrocknete Salzsee trennt die Staaten Northern Territory und Queensland. Hier ist Vorsicht geboten: Der Salzsee muss je nach Saison und Wetter umfahren werden, denn er kann extrem schlammig sein.

Die letzten 110 Kilometer auf dem QAA Line Track haben es nochmals in sich. Die Dünen sind höher denn je. Unter Umständen ist es notwendig nochmals den Reifendruck zu reduzieren. Sind die letzten Dünenüberquerungen geschafft, ist es auf einen Schlag flach. Ein extremer Landschaftswechsel. Nach tagelangem Langsamfahren kann man durch die Ebene wieder einmal Gas geben. Weit weg am Horizont taucht plötzlich eine riesige rote Düne auf. Die Big Red. Sie wirkt schon fast wie eine Fata Morgana. Für die meisten ist es ein großes Erlebnis über die Big Red zu fahren.

Was für ein gigantisches Gefühl, wenn man mit dem Fahrzeug auf der Big Red steht! Das Abenteuer Simpson Desert ist geschafft. Wer es nicht über die Big Red schafft, kann auch die Umfahrung nehmen. Der sogenannte Chicken Track führt um die Düne und ist einfach zu meistern. Die letzten 35 Kilometer bis Birdsville erfolgen auf unbefestigter Piste. Hier kann der Reifendruck wieder erhöht werden.

Die French Line ist übrigens nicht der einzige Track, die Simpson Desert zu durchqueren. Ein Teil der Strecke kann zum Beispiel über die Rig Road oder die WAA Line erfolgen. Zudem gibt es den Knolls Track, die K1 Line und den Warburton Track. Die oben beschriebene Route auf der French Line und QAA Line bis nach Birdsville ist die klassische Route, die Simpson Desert zu durchqueren. Egal, welche Route man wählt, der Munga-Thirri National Park (Simpson Desert) ist gigantisch und ein unvergessliches Erlebnis. Das Schönste am 4WD-Abenteuer ist jedoch das Gefühl der Freiheit, das einen auf der Fahrt überkommt. Weit weg von der Zivilisation, ohne Telefonempfang, keine Neuigkeiten aus der Welt, einfach nur eintauchen und eins sein mit der Natur.

Info

Lage: Die Simpson Desert befindet sich im Zentrum und der trockensten Region von Australien. Die Strecke führt durch die Staaten Queensland, South Australia und das Northern Territory.

Anfahrt: 957 km nördlich von Port Augusta. Von Alice Springs (374 km) und von Kulgera am Stuart Highway (251 km) via Finke, New Crown, Charlotte Waters und Mount Dare bis nach Dalhousie Springs (374 km), von Kulgera am Stuart Highway den Old Andado Track (4WD, 490 km), von Kulgera am Stuart Highway via Finke und Mount Dare bis nach Dalhousie Springs (374 km) oder von Oodnadatta bis Dalhousie Springs (163 km).

Strecke: von Dalhousie Springs in South Australia bis Birdsville in Queensland

Distanz: 437 km

Reisedauer: 3 bis 4 Tage

Beste Reisezeit: Juni bis September

Öffnungszeiten: von Mitte März bis Ende November; wegen Hitze und der Regengüsse wird der Simpson Conservation Park vom 1. Dezember bis zum 15. März geschlossen.

Eintritt: South Australia Desert Parks Pass (160 AUD). Der Pass ist ein Jahr gültig und beinhaltet sieben Parks in Südaustralien. Erhältlich bei Agenten in Alice Springs, Birdsville, Innamincka, Marree u. a., www.parks.sa.gov.au/book-and-pay/parks-passes

Aktivitäten: 4WD-fahren, campen, fotografieren, den Sternenhimmel bewundern und Sanddünen erklimmen, ein heißes Bad in den Dalhousie Springs nehmen und ein Abstecher zu den Eringa Ruins machen

- Jedes Jahr im Juni findet das Finke Desert Race statt. Das Erlebnis an der Rennstrecke zu stehen, wenn die Buggies durch die Wüste rasen, ist ein einmaliges Erlebnis.

Unterkünfte/Camping:

- Mit dem South Australia Desert Parks Pass hat man die Erlaubnis auf dem Dalhousie Springs-Campingplatz (Toiletten, Warmwasser-Duschen) sowie bei der Purni Bore (Toiletten) zu campen. Ansonsten gibt es in der Simpson Desert keine markierten Plätze. Campen ist entlang der Strecke erlaubt bis maximal 500 m Entfernung von der Piste.
- In Alice Springs, Birdsville, Oodnadatta und Mt Dare Roadhouse gibt es Zimmer und Campingplätze.

Versorgung: Treibstoff gibt es in Finke, Mt Dare Hotel und Birdsville. Lebensmittel gibt es in Birdsville, Oodnadatta, Alice Springs und Finke.

Achtung:

- Der Simpson Desert Conservation Park ist von Anfang Dezember bis Mitte März wegen Hitze geschlossen.
- Die Simpson Desert ist ausschließlich für 4WD-Fahrzeuge zugänglich und eine gute Vorbereitung ist Voraussetzung.
- Der Treibstoffverbrauch ist höher, da es über 1100 Sanddünen zu überqueren gibt. Am besten mit dem doppelten Verbrauch wie normal rechnen.
- Lebensmittel und Trinkwasser für den geplanten Aufenthalt plus 3 bis 4 Tage Reserve mitnehmen.
- Funk Kanal 10
- Eine Sandflagge ist Pflicht. Sie muss 300x290 mm groß und 3,5 m über dem Grund am Fahrzeug montiert sein.
- Rote Sanddünen sind griffiger als gelbe. Das Rot entsteht durch Oxidation und bedeutet, das der Sand eher stationär ist. Deshalb sind rote Sanddünen auch etwas einfacher zu überqueren.

Northern Territory

19. Limmen National Park: Faszinierende Geologie
20. Auf der Dorat Road zu den Robin Falls
21. Von Alice Springs bis Finke entlang der Old South Road mit Abstecher zum Chambers Pillar
22. Spannende Offroad-Strecke durch das Flussbett zum Boggy Hole
23. Palm Valley: Eine Oase aus roten Felsen, permanenten Wasserlöchern und Palmen
24. Von der historischen Goldgräberstadt Arltunga zur Ruby Gap

Im Palm Valley

Darwin
20. Dorat Road
Timorsee
Golf von
Carpentaria
Katherine
Mataranka
19. Limmen National Park
Cape Crawford
Pamayu
NORTHERN TERRITORY
Tablelands
Hermannsburg
23. Palm Valley
Palm Valley
Finke George
National Park
22. Boggy Hole
Ernest Giles Road
24. Arltunga – Ruby Gap
Alice Springs
21. Old South Road
Chambers Pillar
Finke

19. Limmen National Park: Faszinierende Geologie

Spektakuläre Sandsteinformationen und verschiedene Flusssysteme prägen die Landschaft im Limmen National Park. Aber nicht nur das macht eine Fahrt durch den praktisch unberührten Nationalpark zu einem unvergesslichen Erlebnis. Wer sich als Entdecker fühlen will, kommt auf der Fahrt zur Western Lost City (WLC) auf seine Kosten. Die WLC ist über einen 28 Kilometer langen Offroad-Track erreichbar. Achtung, nur für erfahrene 4WD-Fahrer und Geländewagen mit hoher Bodenfreiheit geeignet!

Der Limmen National Park liegt definitiv abseits der Touristenpfade. Umso größer ist das Entdecker-Feeling. Die Fahrt auf der unbefestigten Nathan River Road ist rau. Bodenwellen, sandige Abschnitte, aber auch mehrere Flussdurchquerungen gilt es zu meistern, die während der Trockenzeit aber problemlos machbar sind.

Der Limmen National Park ist ein junger Park. Er wurde erst 2012 gegründet und umfasst eine Fläche von 9354 Quadratkilometern. Von Westen her kommt man von Mataranka am Stuart Highway über den Roper Highway in den Limmen National Park. Weitere Zufahrtsmöglichkeiten sind von Cape Crawford oder Borroloola im Südosten am Carpentaria Highway.

Bitter Springs bei Mataranka

Das erste Teilstück von Mataranka erfolgt auf dem Roper Highway, einer breiten Schotterstraße. Kurz vor Roper Bar geht es auf die Nathan River Road in südlicher Richtung. Letzter Versorgungsposten für Lebensmittel und Treibstoff ist Roper Bar, das vier Kilometer südwestlich liegt. Die nächsten 348 Kilometer bis Cape Crawford gibt es nur noch Natur pur. Auf der Nathan River Road, die durch den Limmen National Park führt, gibt es einiges zu entdecken. Wer von Westen her kommt, kann beim Munbililla (Tomato Island) Camping den ersten Stopp einlegen. Dort gibt es eine Bootsrampe für Sportfischer, die vor allem wegen den Barramundis hierher kommen.

Towns River

Wer lieber Tiere beobachtet, kann dies einige Kilometer weiter östlich beim großen Seerosenteich Lomarieum Lagoon tun. Die Oase in der sonst trockenen Landschaft ist ein Paradies für Vögel. Dasselbe gilt für die nächste Station. Am Towns River Camping kann man direkt ans Ufer fahren. Hier gibt es neben Kormoranen auch Krokodile.

Auf der Nathan River Road geht es weiter und es folgen einige Flussdurchquerungen. Während der Trockenzeit sind diese praktisch alle trocken. Kurz vor der Ranger Station gilt es dann den Limmen Bight River zu furten. Die Furt ist betoniert und die Durchfahrt somit einfach.

Wer zu Beginn oder gegen Ende der Saison unterwegs ist, wird wenig anderen Reisenden begegnen. Es ist fast, als ob man den riesigen Nationalpark für sich allein hat. Ein Stopp bei der Nathan River Ranger Station ist ein Muss für jene, die die Western Lost City (WLC) besuchen möchten. Für die Zufahrt auf die 4WD-Strecke wird nämlich ein Code benötigt. Dieser ist in der Ranger Station auf einem White Board notiert (Achtung: Code wird wöchentlich geändert!). Zudem gibt es weitere wichtige Informationen zum Offroad-Track. Nicht vergessen: Infoblatt mit detaillierter Wegbeschreibung für die WLC mitnehmen! Zudem gibt es Displays mit interessanten Details zum Gebiet und der Geschichte des Limmen National Park.

Die WLC ist noch praktisch unberührt, denn erst seit 2012 ist dieses Gebiet zum Nationalpark anerkannt worden. Was früher nur per Flugzeug bewundert werden konnte, ist heute mit dem Geländefahrzeuge erreichbar. Mit dem Zugangscode kann das Abenteuer losgehen. Das Gatter zum 4WD-Track ist mit einem Zahlenschloss verriegelt, wer den Code hat, kann rein. Wer sich auf die Offroad-Piste begibt, sollte sich unbedingt vorher im Logbuch eintragen. Das Logbuch liegt in einer Kiste gleich neben dem Gatter.

Western Lost City

Für die 28 Kilometer sollte man 1,5 bis zwei Stunden Fahrzeit rechnen. Es empfiehlt sich den Trip zur WLC früh morgens zu starten. Tagsüber kann es sehr heiß werden. 28 Kilometer klingen nicht nach viel, aber diese Strecke ist anspruchsvoll. Hohe Bodenfreiheit beim Geländewagen ist notwendig, ebenso fahrerisches Können. Die Flussdurchquerungen mit steilen Ab- und Auffahrten haben es, je nach Saison, in sich. Auf dem Infoblatt zum 4WD-Track ist genau beschrieben, wo die heiklen Stellen sind. Ansonsten wechselt die Beschaffenheit des Tracks ständig. Mal ist er rau, holprig und wellblechartig, dann wieder weich und sandig. Entlang des Tracks ist das Land wegen des Viehs teilweise eingezäunt. Vorsicht vor Stacheldraht, der auf dem Track liegen kann!

Nach genau 28 Kilometern vom Zugangstor erreicht man die Western Lost City. In dem Moment, in dem man zum ersten Mal die spektakulären Sandsteinsäulen sieht, kommt ganz bestimmt ein „Aaaahhh", „Oooohhh" und „Wow" hervor. Die Felsformationen sind atemberaubend. Entlang der WLC führt eine Sandpiste bis der Track bei einem kleinen Kehrplatz endet. Im weichen Sand ist es empfehlenswert den Reifendruck zu reduzieren, so ist die Fahrt problemlos.

Western Lost City

Rückfahrt von der WLC auf dem Track zurück zur Nathan River Road

Offizielle Spazierwege sucht man vergebens, dafür ist das Entdecker-Feeling umso größer. Wer die Augen offen hält, kann Kängurus sehen oder vielleicht sogar die regenbogenfarbigen Käfer, die ganze Blätter belagern. Es geht den gleichen Weg zurück zur Nathan River Road. Beim Gatter nicht vergessen, sich im Logbuch wieder austragen. Wer sich nach der holprigen Fahrt über die staubige Piste nach einem erfrischenden Bad sehnt, kann sich bei den Butterfly Falls abkühlen. Diese befinden sich nur wenige Kilometer südlich der Nathan River Ranger Station. Dort gibt es auch einen Campingplatz.

Savannah Way im Limmen NP

Wer den Abstecher zur WLC nicht macht, sollte unbedingt bei der Southern Lost City (SLC) stoppen. Von der Nathan River Road führt eine unbefestigte Straße dorthin. Vom Parkplatz und Campingplatz aus startet die tolle 2,5 Kilometer lange Wanderung, die mitten durch die Sandsteinsäulen führt. Wo man hinschaut, ragen Säulen empor. Es fühlt sich an wie in einer anderen Welt. Besonders schön sehen die Sandsteinsäulen in der Morgen- und Abendsonne aus, wenn der Sandstein um die Wette leuchtet.

Zurück auf der Nathan River Road geht es weitere 114 Kilometer über staubige Piste bis man schließlich den Carpentaria Highway erreicht. Die letzten drei Kilometer bis Cape Crawford erfolgen auf Teerstraßen. Ein Zeichen, dass man zurück in der Zivilisation ist.

Info

Lage: Der Limmen National Park liegt im Golf von Carpentaria, im Nordosten des Northern Territory.

Anfahrt:

- vom Stuart Highway: 10 km südlich von Mataranka auf den Roper Highway bis zur Abzweigung Roper Bar/Ngukurr fahren; weiter geht es auf der Nathan River Road zum Limmen National Park.
- vom Carpentaria Highway: von Cape Crawford Richtung Norden auf die Nathan River Road und von Borroloola via Ryans Bend Road auf die Nathan River Road. Von allen Richtungen dem Wegweiser Savannah Way folgen.

Distanz: 522 km von Mataranka bis Cape Crawford durch den Limmen National Park, 8 km (hin und zurück) Abstecher zur Southern Lost City, 56 km (hin und zurück) 4WD-Trip zur Western Lost City.

Reisedauer: 2 bis 3 Tage

Beste Reisezeit: Mai bis Oktober

Öffnungszeiten: fast immer; während der Regenzeit zwischen November und Mai kann der Nationalpark wegen Überschwemmung geschlossen werden. Vor Reiseantritt Straßenbedingungen abklären, nt.gov.au/driving/safety/check-road-conditions, Tel.: 1 800 246 199

Eintritt: nichts

Aktivitäten: Vögel beobachten beim Seerosenteich Lomarieum Lagoon und Towns River Camping, fischen am Roper River und Limmen Bight River, Krokodile erspähen (Achtung, neben friedlichen Süßwasserkrokodilen leben auch Leistenkrokodile in den Flüssen), Offroad-Trip zur Western Lost City, wandern in der Southern Lost City, baden bei den Butterfly Falls (der einzige sichere Ort zum Schwimmen im Limmen National Park).

Unterkünfte/Camping:

- Verschiedene vom Nationalpark betriebene Campingplätze mit unterschiedlicher Infrastruktur. Munbililla (Tomato Island) Camping ist der einzige mit Duschen und Campingaufseher, guter Infrastruktur, vielen Stellplätze, WC-Anlagen mit Duschen und Wassertrögen zum Geschirrwaschen. Alle anderen bieten Plumpsklos und teilweise Feuerstellen.
- Folgende Plätze sind entlang der Nathan River Road im Limmen National Park verteilt. Yurrlmundji, Mountain Creek, Didi Baba, Towns River, Butterfly Falls, Limmen Bight River und Southern Lost City. Die Gebühren fürs Camping können vor Ort per Selbstregistrierung bezahlt werden, je nach Platz 3,30 bis 6,60 AUD Erwachsene, 1,65 bis 3,30 AUD Kinder (5-15 Jahre)
- Kommerzielle Campingplätze: Limmen Bight Fishing Camp und Lorella Springs Wilderness Park

Versorgung: Zwischen Roper Bar und Cape Crawford (338 km) gibt es keine Versorgungsmöglichkeiten. Roper Bar ist ein Roadhouse mit kleinem Shop und Treibstoff. Am besten Lebensmittel in Mataranka oder Cape Crawford einkaufen.

Info:

- Bei der Nathan River Ranger Station gibt es Toiletten und fließend Wasser. Beim Parkplatz gibt es einen Hahn mit Trinkwasser.
- nt.gov.au/leisure/parks-reserves/find-a-park-to-visit/limmen-national-park

20. Auf der Dorat Road zu den Robin Falls

Wer auf dem Weg zwischen Darwin und Katherine Abwechslung vom eintönigen Stuart Highway braucht, sollte den Abstecher zu den Robin Falls einplanen. Der kurze Roadtrip auf der kurvigen Dorat Road führt durch üppig grüne Landschaft. Bei Einheimischen sind die Robin Falls kein Geheimtipp, doch nur wenige Touristen finden den Weg zum erfrischenden Pool.

Zwischen Darwin und Katherine befinden sich, neben den bekannten Nationalparks Kakadu und Litchfield, die weniger bekannten Robin Falls. Die meisten Reisenden fahren auf dem Stuart Highway einfach an den Robin Falls vorbei. Schade eigentlich, denn der kurze Umweg – es sind nur 15 Kilometer mehr als auf direktem Weg auf der Autobahn – lohnt sich. Nicht nur wegen des Wasserfalls, sondern auch der Fahrt abseits der Touristenmassen.

Die befestigte Dorat Road verläuft mehr oder weniger parallel zum Stuart Highway. Im Gegensatz zum Highway ist sie jedoch kurvenreich und verläuft durch die üppige, exotische Landschaft des Top End. Wer die Strecke von Darwin bis Katherine am Highway kennt, weiß wie trocken die Umgebung sein kann. Ganz anders präsentiert sich die Landschaft entlang der Dorat Road. Die Vegetation ist tropisch und eine Fahrt durch üppiges Grün verspricht Abwechslung.

Robin Falls

Parkplatz und Camping bei den Robin Falls

Ein Geheimtipp sind die Robin Falls nicht und doch verirren sich die wenigsten Touristen zum unerwartet schönen Wasserfall mit den erfrischenden Pools. Das kühle Wasser und der schattige Platz im tropischen *bush* sind perfekt, um sich an heißen Tagen abzukühlen. Das Top End ist Krokodilland und krokodilfreie Badegelegenheiten wie die Robin Falls sind äußerst beliebt. Besonders an Wochenenden kommen Einheimische zum Baden oder Picknicken hierher. Unter der Woche ist es aber meist ruhig und mit etwas Glück hat man die Robin Falls für sich allein.

Die Wasserfälle sind vom Parkplatz aus über einen Pfad entlang des Baches erreichbar. Es ist keine anspruchsvolle Wanderung, der Weg ist jedoch schmal und an gewissen Stellen schwierig zu erkennen. Wer dem Bach flussaufwärts folgt, endet schlussendlich bei den Robin Falls. Die letzten Meter gilt es über große Felsbrocken zu klettern. Das Tosen des Wasserfalls hört man von Weitem und weiß somit, dass das Ziel nah ist. Die Robin Falls ergießen sich über Kaskaden und laden zu einem erfrischenden Bad im kristallklaren Wasser ein.

Robin Falls

Info

Lage: Die Robin Falls liegen im Top End, im nördlichen Teil des Northern Territory. Entfernung von Darwin rund 130 km, von Adelaide River 15 km und von Pine Creek 112 km. Zum Stuart Highway in nördlicher Richtung 15 km und in südlicher Richtung 52 km.

Anfahrt:

- von Nord nach Süd: vom Stuart Highway bei Adelaide River auf die Dorat Road Richtung Daily River abbiegen. Rund 15 km auf kurvenreicher, schmaler Teerstraße bis zur Abzweigung zu den Robin Falls.
- von Süd nach Nord: vom Stuart Highway, 6 km nördlich von Hayes Creek, auf die Dorat Road Richtung Daily River abbiegen. 58 km der Dorat Road folgen bis zur Abzweigung Robin Falls.
- Die letzten 500 Meter bis zum Parkplatz sind unbefestigt.

Distanz: 68 km auf der Dorat Road, 332 km von Darwin nach Katherine via Dorat Road

Reisedauer: 70 Min. reine Fahrzeit für die Dorat Road, 1 Tag für die Fahrt von Darwin bis Katherine Abstecher und Wanderung zu den Robin Falls

Beste Reisezeit: Mai bis Oktober

Öffnungszeiten: fast immer; Achtung, die Straße kann während der Regenzeit gesperrt sein! Zur Sicherheit vorher die Straßenbedingungen prüfen, roadreport.nt.gov.au/road-map

Eintritt: nichts

Aktivitäten: wandern, schwimmen, picknicken. Der Start der Wanderung zu den Robin Falls befindet sich ganz am Ende des Parkplatzes. Rund 20 bis 30 Gehminuten bis zu den Robin Falls, erst über einen schmalen Pfad, dann über große Felsbrocken. Der Wasserfall ergießt sich in Kaskaden und so gibt es mehrere Stellen zum Baden. Besonders toll ist der oberste Pool, der über große Felsen erreichbar ist.

Unterkünfte/Camping:

- Kostenloser Stellplatz beim Eingang zu den Robin Falls, nicht für große Wohnmobile geeignet
- Campingplatz und Zimmer in Adelaide River oder Hayes Creek

Info: Die Robin Falls sind bei Einheimischen zum Baden und Picknicken am Wochenende überaus beliebt. Wer die Robin Falls in Ruhe genießen möchte, plant den Besuch am besten unter der Woche.

21. Von Alice Springs bis Finke entlang der Old South Road mit Abstecher zum Chambers Pillar

Das Rote Zentrum von Australien bietet viele Möglichkeiten abseits der ausgetretenen Pfade zu reisen. Die Fahrt entlang der Old South Road von Alice Springs nach Finke ist eine davon. Besonders spannend ist der Abstecher zur markanten Sandsteinsäule Chambers Pillar. Eine schmale, sandige Piste führt durch landschaftlich attraktives Land und ist für Reisende mit Geländewagen auch fahrtechnisch sehr interessant.

Wer von Alice Springs auf der Old South Road nach Finke fährt, kommt durch typische Outback-Landschaft des Northern Territory. Rote Sandpisten wechseln sich mit rauen, wellblechartigen Passagen ab. Die Fahrt ist anfangs zwar nicht extrem anspruchsvoll, dafür hat man Zeit die Umgebung auch beim Fahren auf sich wirken zu lassen. Die unbefestigte Strecke ist die ersten Kilometer breit und rau. Je weiter südlich man kommt, desto sandiger und schmaler wird die Straße.

Wildblumen entlang der Old South Road

Die Old South Road folgt der alten Bahnlinie der Old Ghan Railway und der ehemaligen Overland Telegraph Line, die einst von Alice Springs nach Adelaide führte. Ein erster Stopp bietet sich beim Napwerte/Ewaninga Rock Carvings Conservation Reserve an, das sich 38 Kilometer südlich von Alice Springs befindet. Im Schutzgebiet gibt einen kurzen Rundwanderweg zu Felszeichnungen der Arrernte-Aborigines. Wie alt die schlichten Petroglyphen sind, ist leider nicht bekannt.

Old South Road

106 Kilometer südlich von Alice Springs verzweigt sich die Old South Road. Hier biegt man auf die Maryvale Road ab und folgt dieser für 13 Kilometer. Sie führt an den Rodinga Ruins der Zugstrecke der Old Ghan Railway vorbei. Kurz bevor man Titjikala erreicht, geht es auf der Chambers Pillar Road weiter. Für den äußerst lohnenswerten Abstecher zur Sandsteinsäule Chambers Pillar ist ein Geländewagen nötig, denn es gibt tiefsandige Abschnitte. Die Fahrt auf der schmalen roten Sandpiste führt durch ausgetrocknete Flussbetten und um Kurven, und es gibt sandige und wellblechartige Abschnitte. So heißt es besonders für die folgenden 45 Kilometer das Tempo den Straßenverhältnissen anzupassen. Der Sand ist intensiv rot und der Kontrast mit dem Spinifex-Gras, den Wüsteneichen und Akazien geben die volle Schönheit des Outbacks wider. Wenige Kilometer bevor man den Parkplatz und Campingplatz erreicht, ist in der Ferne die 50 Meter hohe Chambers Pillar zu sehen. Wie ein Monument sticht die weiß-orange-rote Sandsteinsäule empor. Jetzt wird einem so richtig bewusst, dass die Chambers Pillar früher als Orientierungspunkt gedient hat. Sie ist tatsächlich schon von Weitem zu sehen.

Chambers Pillar

Vom Parkplatz aus führt ein 1,5 Kilometer langer Rundwanderweg um die Chambers Pillar herum. So kann man die eindrucksvolle Säule von allen Seiten betrachten. Um näher an die 50 Meter hohe Sandsteinsäule zu kommen, führt ein kurzer, steiler Weg zur Aussichtsplattform. Dort kann man die eingeritzten Namen der Entdecker und Vermesser betrachten. Es ist verboten seinen eigenen Namen dort zu verewigen. Die Chambers Pillar ist aber nicht die einzige Erhebung, weitere Hügelzüge und Erhebungen prägen die Landschaft. Obwohl man nur wenige Meter ab Boden ist, die Aussicht auf die Umgebung ist gewaltig. Endlose Weite, ein paar farbige Hügel und ganz viel Nichts. Outback pur. Einen zweiten kurzen Wanderwegs gibt es zum Castle Rock (1 km Rundweg).

Entdecker John McDouall Stuart hat 1860 zum ersten Mal die markante Sandsteinsäule entdeckt. Der reiche Landbesitzer Chambers hat sein Projekt unterstützt und so hat Stuart den Sandsteinfelsen nach seinem Sponsor benannt. Die Chambers Pillar hat eine große Bedeutung und steht unter Denkmalschutz.

Am schönsten ist die Chambers Pillar und die Umgebung bei Sonnenuntergang. Dann leuchtet der Fels richtig. Auch früh aufstehen lohnt sich, um die Stimmung bei Sonnenaufgang zu erleben.

Die Chambers Pillar Road ist keine Durchgangsstraße und so geht es denselben Weg zurück bis Titjikala. Die folgenden 141 Kilometer bis zur kleinen Ortschaft Finke führen entlang der Old Ghan Railway Road in südlicher Richtung. Die unbefestigte Straße ist holprig, steinig und sandig zugleich. Achtung auch vor *bull dust* und vielen Metallteilen, die noch aus der Zeit der Eisenbahn auf der Straße liegen! Kurz bevor man Finke erreicht, gilt es noch das Flussbett des Finke River zu überqueren. Das ausgetrocknete Flussbett ist sandig. Um ein Steckenbleiben zu vermeiden, ist es empfehlenswert den 4WD zuzuschalten.

Chambers Pillar

Die Umgebung von Chambers Pillar

Info

Lage: im Zentrum von Australien, im südlichen Teil des Northern Territory

Anfahrt: von Alice Springs zum Chambers Pillar 165 km auf der Old South Road in südlicher Richtung. Von Finke via Titjikala sind es 167 km bis zum Chambers Pillar in nordwestlicher Richtung. Ab Titjikala ist die Piste anspruchsvoll und verläuft 45 km auf sandiger, kurvenreicher Piste. Ein Geländewagen mit hoher Bodenfreiheit ist sehr zu empfehlen.

Distanz: 330 km von Alice Springs bis Finke (inkl. Abstecher zum Chambers Pillar)

Reisedauer: 2 Tage

Beste Reisezeit: April bis September

Öffnungszeiten: immer; die Straße kann nach Regenfällen gesperrt werden, nt.gov.au/leisure/parks-reserves/check-park-open-alice-springs

Eintritt: nichts

Aktivitäten: wandern, 4WD-fahren und campen. Weitere Abstecher entlang der Old Ghan Railway sind die Rumbalara, Engoordina oder Rodinga Ruins sowie die Alice Well. Um zum Brunnen zu gelangen, gleich nach dem Wasserturm bei Bundooma Siding links abbiegen und dem Gleis folgen, das über eine Sanddüne verläuft. Sieht man die verbliebene Seitenwand der Bahnstation, hat man die Alice Well gefunden.

Unterkünfte/Camping: Unterkünfte/Camping: Chambers Pillar, Toiletten und Barbecue, 3,30 AUD Erwachsene, 1,65 AUD Kinder (5-15 Jahre)

Versorgung: Lebensmittel und Treibstoff in Alice Springs und Finke. Das Angebot in Finke ist limitiert.

22. Spannende Offroad-Strecke durch das Flussbett zum Boggy Hole

Ein weiteres 4WD-Abenteuer im Northern Territory ist die Fahrt durch den Finke Gorge National Park. Von Hermannsburg bis zur Ernest Giles Road führt eine 110 Kilometer lange Outback-Strecke durch das Flussbett des Ellery Creek und Finke River. Sandige Abschnitte, Flussdurchquerungen mit steilen Auf- und Abfahrten lassen das Herz von 4WD-Enthusiasten höher schlagen.

Die Strecke von Hermannsburg zum Boggy Hole und weiter bis zur Ernest Giles Road ist ganz nach dem Motto: Der Weg ist das Ziel. Für 4WD-Enthusiasten ist die Offroad-Piste die perfekte Spielwiese. Ein großer Teil der Strecke befindet sich im Finke Gorge National Park. Eine abwechslungsreiche Fahrt und geniale *bushcamps* sind garantiert. Von holprigen bis tiefsandigen Passagen, Flussdurchquerungen mit und ohne Wasser, steilen Ab- und Auffahrten, Schlangenlinienfahrten durch *bush* und Wald, *bull dust* und Schlaglöcher – all das gibt es auf den 110 Kilometern zu erleben.

Track zum Boggy Hole

Track zum Boggy Hole

Kurz nach der Dorfeinfahrt bei Hermannsburg geht es in nordöstlicher Richtung auf den Track zum Boggy Hole. Die ersten zwölf Kilometer auf der 4WD-Route führen bis zum Ellery Creek. Im ausgetrockneten Flussbett führen weitere 4,5 Kilometer bis zu einem Gatter. Wichtig ist, dieses nach der Durchfahrt wieder zu schließen. Hat man das Gatter passiert, befindet man sich im Finke Gorge National Park. Knapp sechs Kilometer weiter trifft der Finke River mit dem Ellery Creek zusammen. Dieser Punkt nennt sich Junction. Von der Junction bis zum südlichen Gatter ist das Campen im Nationalpark erlaubt.

Wer Tiere liebt, sollte Ausschau nach wilden Pferden halten. Mit etwas Glück kommt eine ganze Herde vorbei. Die Tiere sind sehr scheu und flink. Erschreckt man sie, sind sie in Sekundenschnelle über alle Berge.

Der Finke River gibt den Weg vor. Die Piste führt mitten durch das praktisch ausgetrocknete Flussbett. Abwechselnd steinig und sandig geht es im Flussbett weiter. Um ein Steckenbleiben im Sand zu verhindern, ist es sinnvoll den Reifendruck zu reduzieren. Höchste Konzentration des Fahrers ist bei den sandigen Flussdurchquerungen erforderlich, auch der Wasserstand kann höher sein als erwartet. Wer unsicher ist, wie tief der Wasserstand ist, sollte die Stelle durchwaten. Während der Regenzeit oder nach starken Regenfällen kann es sein, dass der Track unpassierbar ist.

Wasser hat an vielen Stellen die Landschaft in eine grüne Oase verwandelt. Schilf wächst in die Höhe, sodass die Fahrspur links und rechts von einer grünen Wand definiert wird. Es gibt mehrere Stellen mit Wasser, die zu durchfahren sind. Zum Teil sind die Auf- und Abfahrten extrem steil. Sobald man große Eukalyptusbäume um ein großes Wasserloch sieht, hat man das Boggy Hole erreicht. Beim Boggy Hole gibt es mehrere permanente Wasserlöcher, die einen perfekten Lebensraum für Vögel und andere Tiere bieten. Besonders spannend ist es den Vögeln zuzuschauen, wenn sie über das Wasserloch fliegen und sich ins Wasser stürzen, um zu trinken.

Boggy Hole

Das Boggy Hole ist auch ein wunderbarer Platz zum Verweilen und bei einem Lagerfeuer die Natur zu genießen. Die steile rote Felswand hinter dem Boggy Hole und die Schatten spendenden Bäume bieten perfekte Bedingungen zum Campen. Infrastruktur gibt es zwar keine, dafür Natur pur und in klaren Nächten Sterne ohne Ende.

Ausgetrockneter Fluss mit Auswaschungen

Etwas weiter kommt man auf der anderen Flussseite zu den Police Station Ruins. Es bestehen lediglich noch Teile der Wände des Gebäudes. Die Umgebung verändert sich langsam und die Piste führt durch dichten *bush*. Kratzer am Autolack sind kaum zu vermeiden. Und es gibt gleich die nächste Herausforderung zu meistern, einen breiten Fluss mit tiefen Auswaschungen gilt es zu durchqueren. Während der Trockenzeit fließt nur wenig bis kein Wasser. Das hat den Vorteil, dass man um die tiefen Löcher manövrieren kann. Es ist sinnvoll, dass der Beifahrer aussteigt und dem Fahrer als Navigationshilfe zur Seite steht. Von Nord nach Süd ist diese Passage einfacher zu bewältigen als in umgekehrter Richtung.

Der Südeingang befindet sich 18,5 Kilometer südlich vom Boggy Hole, wo man den Finke River National Park wieder verlässt. Der Track bleibt auch außerhalb des Nationalparks spannend, denn es folgen viele Kurven, es geht stetig auf- und abwärts und auch kleinere Sanddünen gilt es zu überqueren. Neun Kilometer nach dem Gatter kommt man am Wasserloch Running Waters vorbei. Nach weiteren 15 Kilometern trifft man auf die Kreuzung, wo es in südwestlicher Richtung zum Illamurta Springs Conservation Reserve geht. Der Abstecher hin und zurück ist rund 20 Kilometer lang. Die Straße in südlicher Richtung macht eine scharfe Linkskurve und trifft nach 36 Kilometern auf die Ernest Giles Road. Dort enden der Track und das 4WD-Abenteuer.

Track zum Boggy Hole

Info

Lage: Das Boggy Hole und der 4WD-Track befinden sich im Finke Gorge National Park im südlichen Teil des Northern Territory.

Anfahrt: Der Finke Gorge Nationalpark ist 138 km westlich von Alice Springs und die nächste Ortschaft ist Hermannsburg, 127 km westlich von Alice Springs. Der Track zum Boggy Hole startet außerhalb von Hermannsburg.

Distanz: 110 km von Hermannsburg via Boggy Hole bis zur Ernest Giles Road

Reisedauer: rund 6 Stunden, 1 bis 2 Tage einplanen

Beste Reisezeit: April bis September

Öffnungszeiten: immer; Achtung, die Straßen zum Finke Gorge National Park können bei Regen geschlossen werden.

Eintritt: nichts

Aktivitäten: 4WD-fahren, campen, picknicken und Tiere beobachten

Unterkünfte/Camping:

- *bushcamping* entlang des Tracks ist im Nationalpark erlaubt von der Junction bis zum südlichen Eingang. Beim Boggy Hole, einem permanenten Wasserloch, gibt es viel Platz unter Schatten spendenden Bäumen zum Campen, kostenlos, ohne Infrastruktur.
- Kein Camping im Illamurta Springs Conservation Reserve

Versorgung: In Hermannsburg gibt es einen kleinen Supermarkt und Tankstelle.

***Achtung*:**

- Für die Fahrt auf dem Track zum Boggy Hole wird ein 4WD mit hoher Bodenfreiheit benötigt.
- Der 4WD-Track ist anspruchsvoll und Erfahrungen im Geländewagenfahren sind notwendig. Erfahrung im sandigen Gelände ist ebenfalls von großem Vorteil. Es gibt einige tiefsandige und weiche Passagen.
- Gute Vorbereitung, genügend Wasser und Lebensmittel und Bergungsmaterial für den Notfall mitnehmen.
- Der Track ist nur wenig befahren.
- Während der heißen Monate kann es ein Feuerverbot geben. Vor der Anreise unbedingt über den neuesten Stand erkundigen!

23. Palm Valley: Eine Oase aus roten Felsen, permanenten Wasserlöchern und Palmen

Der Finke River hat mit seinen permanenten Wasserlöchern eine eindrucksvolle Landschaft im Outback entstehen lassen. Von Hermannsburg kommt man über eine anspruchsvolle 4WD-Strecke zum Palm Valley. Rote Felsen, Palmen und Wasserlöcher dominieren die Landschaft und bieten Tieren einen Lebensraum.

Das Palm Valley befindet sich im westlichen Teil des Finke Gorge National Park und ist nur mit einem 4WD-Fahrzeug erreichbar. Auf der 20 Kilometer langen Strecke gibt es zwei Flussdurchquerungen, sandige und extrem holprige Passagen zu meistern. Die Fahrt startet in Hermannsburg, und bis zur Abzweigung, die ins Palm Valley führt, erfolgen die ersten 2,5 Kilometer noch auf geteerter Straße. Beim Eingang zum Finke Gorge National Park ist eine Informationstafel mit wichtigen und nützlichen Hinweisen zum Track und Campingplatz aufgestellt. Die Weiterfahrt erfolgt auf unbefestigter Straße, über Feldwege, durch Flussläufe und ausgewaschene Felsen.

Sonnenuntergang entlang des Tracks zum Palm Valley

Track vom Palm Creek zum Palm Valley

Für die Fahrt von Hermannsburg bis zum Palm Creek Camp ist mit rund 45 Minuten zu rechnen. Die ersten sieben Kilometer zum Palm Valley erfolgen direkt im Flussbett des Finke River. Schwierig sind die ersten paar Kilometer nicht, auch wenn der Untergrund mal steinig und mal sandig ist. Trotzdem ist ein Geländewagen Voraussetzung für die Fahrt ins Palm Valley, denn der Track wird kurviger und es gibt auch höhere Auf- und Abfahrten. Nach weiteren neun Kilometern erreicht man bereits den Palm Creek-Campingplatz im Finke Gorge National Park.

So richtig anspruchsvoll wird der Track erst nach dem Campingplatz. Die letzten vier Kilometer bis zum Palm Valley erfordern fahrerisches Geschick, denn man muss mehrere Flussläufe, ausgewaschene Felsen und Wassertümpel durchfahren. Einige Stellen sind nur mit einem Geländewagen mit hoher Bodenfreiheit machbar, da manche Auswaschungen sehr tief sind. Die Geschicklichkeit des Fahrers ist gefordert, denn an einigen Felsen sind bereits tiefe Kratzspuren zu sehen. Das sind Anzeichen dafür, dass schon manche mit dem Unterboden des Fahrzeuges gestreift haben. Das perfekte Terrain für 4WD-Enthusiasten.

Aussicht auf das Palm Valley vom Plateau aus

Die Straße endet beim Palm Valley. Wer die 2,5 Kilometer lange Schlucht mit seiner üppigen Vegetation entdecken will, kann dies zu Fuß tun. Rote Felsen, Palmen und Eukalyptusbäume prägen die Landschaft. Hier ist eine richtige Oase entstanden. Es heißt, die Oase sei ein Überbleibsel aus der Zeit, als das Zentrum von Australien mehr Bäume und Wasser hatte. Besonders speziell sind die Red Cabbage Palms, die nur im Palm Valley gedeihen. Sehr empfehlenswert ist der Mpulungkinya Track, ein fünf Kilometer langer Rundwanderweg, der auf das Plateau und in die Schlucht führt. Auf dem Pfad, der durch das Palm Valley führt, kann man die ganze Schönheit bewundern. Ob man die Wanderung in Uhrzeigersinn oder im Gegenuhrzeigersinn macht, spielt keine große Rolle. Wer zuerst auf das Plateau geht (Wanderung im Uhrzeigersinn), hat die steile Passage und somit den anstrengenden Teil zu Beginn der Wanderung. Wer wenig Zeit hat oder eine kürzere Wanderung bevorzugt, kann sich den Arankaia Walk (2 km) vornehmen. Der erste Kilometer führt durch die Schlucht, bevor es über eine Treppe auf das Plateau hoch geht. Zurück geht es an der Abbruchkante entlang mit toller Aussicht auf die palmengesäumte Schlucht.

Das Palm Valley ist eine Sackgasse und so geht es den selben Weg zurück. Damit kommt man automatisch beim Palm Creek Camp, dem offiziellen Campingplatz des Nationalparks, vorbei. Nur wenige hundert Meter weiter gibt es einen weiteren lohnenswerten Lookout und eine Wanderung. Wer im Palm Creek campt, kann vom Campingplatz zu Fuß in rund zehn Minuten hinübergehen. Es gibt aber auch einen Parkplatz beim Start des Wanderweges zum Lookout. Der Kalarranga Lookout ist ein Highlight in diesem Teil des Nationalparks. Die schönste Aussicht gibt es auf dem einfachen Lookout Walk (1,5 km). Die roten Felswände und die riesigen Steinbrocken sind besonders beeindruckend bei Sonnenuntergang. Dann nämlich beleuchtet das Abendlicht die Felsen und lässt die Landschaft wie eine Traumwelt erscheinen. Ebenfalls sehr schön ist der fünf Kilometer lange Mpaara Walk. Während der etwas anspruchsvolleren Wanderung kann man auf Informationstafeln Geschichten der Aborigines lesen und so mehr über den Stamm der Arrernte erfahren. Wer die Augen offen hält, kann Greifvögel, Echsen und Spinifex-Tauben sehen. Für die Rundwanderung sollte man rund zwei Stunden rechnen.

Die Rückfahrt nach Hermannsburg erfolgt auf demselben Track, über Feldwege und durch das Flussbett des Finke River.

Kalarranga Lookout

Info

Lage: Das Palm Valley befindet sich im Finke Gorge National Park, 138 km westlich von Alice Springs.

Anfahrt: von Hermannsburg auf dem Larapinta Drive 2,5 km in südwestlicher Richtung auf den Palm Valley Track abbiegen

Distanz: 22,5 km von Hermannsburg bis zum Palm Valley-Parkplatz

Reisedauer: 1,5 Stunden, 1 bis 2 Tage einplanen für Wanderungen im Nationalpark sowie Hin- und Rückfahrt

Beste Reisezeit: April bis September

Öffnungszeiten: immer; die Straßen zum Finke Gorge National Park können bei Regen geschlossen werden.

Eintritt: nichts

Wasserloch im Palm Valley

Aktivitäten: Wanderungen in verschiedenen Schwierigkeitsgraden, campen, picknicken, Tiere beobachten und 4WD-fahren

Unterkünfte/Camping: Palm Creek Campsite mit Toiletten, Duschen, Trinkwasser und Feuerstellen, 6,60 AUD Erwachsene, 3,30 AUD Kinder (5-15 Jahre)

Versorgung: In Hermannsburg gibt es einen kleinen Supermarkt mit Tankstelle.

***Achtung*:**

- Für die Fahrt zum Palm Creek Campingplatz und zum Palm Valley wird ein Geländewagen mit hoher Bodenfreiheit benötigt.
- Die letzten 4 km vom Campingplatz bis zum Palm Valley sind anspruchsvoll und Erfahrung im 4WD-Fahren ist notwendig.

24. Von der historischen Goldgräberstadt Arltunga zur Ruby Gap

Gold und Rubine sind Gründe, wieso im Zentrum von Australien die Stadt Arltunga aufgebaut wurde. Es ist einfach, sich in Arltunga in die Vergangenheit zu versetzen. Wer neben den Informationen und Geschichten aus der Vergangenheit auch noch eine 4WD-Strecke fahren will, kann einen Abstecher in den Ruby Gap Nature Park unternehmen.

Im östlichen Teil der East MacDonnell Ranges befindet sich die alte Goldgräberstadt Arltunga und der Ruby Gap Nature Park. Die ehemalige Goldgräbersiedlung im Arltunga Historical Reserve ist 110 Kilometer von Alice Springs entfernt und über den Ross Highway und die Arltunga Road erreichbar. Bis zum Trephina Gorge ist die Straße gut ausgebaut, dann führt eine teils einspurig geteerte und teils unbefestigte Straße bis zur historischen Stätte. Im Besucherzentrum gibt es interessante Displays mit vielen Informationen über die Geschichte von Arltunga und das Leben in dieser abgelegenen Gegend. Liebhaber von Geisterstädten sollten sich einen Besuch der verlassenen Stadt nicht entgehen lassen. Zur Orientierung liegen im Besucherzentrum Karten auf, wo die Highlights der ehemaligen Stadt und die Gebäude näher beschrieben sind. Arltunga hat eine große Bedeutung in der Geschichte Australiens, denn sie war offiziell die erste Stadt im Zentrum Australiens.

Arltunga

Fahrt zur Ruby Gap

Das Gebiet ist weitläufig und idealerweise fährt man die Rundtour mit dem eigenen Fahrzeug ab. Die Wege sind ausgeschildert. Unter anderem kann man das ehemalige Pub, das Gefängnis und Gerätschaften entdecken. Zwischen den interessanten Stellen der verlassenen Goldminenstadt sind immer wieder ein paar Minuten zu fahren. Es gibt eine gut erhaltene Polizeistation, Wohnhäuser, Überreste von Minen und einen Friedhof. Mit etwas Fantasie bekommt man beim Durchstreifen der verlassenen Gebäude einen Eindruck, was sich in dieser Gegend während des Gold-Booms abgespielt hat.

Der erste Boom ist 1886 erfolgt. Die Geschichte besagt, dass der Entdecker David Lindsay angeblich Rubine im Ruby Gap gefunden hat. In Massen sind Edelsteinsucher in die Gegend gekommen, um nach wertvollen Rubinen zu suchen. Es dauerte nicht lange, bis sich herausgestellt hat, dass die rubinroten Steine keinen großen Wert hatten, weil es gar keine Rubine waren. Der Boom war genau so schnell beendet, wie er begonnen hatte. Das einzige was übrig blieb, ist der Name des Fundortes – Ruby Gap. Da bei der Suche nach Rubinen im Flussbett auch Gold gefunden wurde, war dies die nächste große Hoffnung auf Reichtum. Obwohl die Lebensbedingungen hart waren und der permanente Wassermangel die Goldsuche erschwert hat, ist Arltunga während rund 30 Jahren eine aktive Goldgräberstadt gewesen.

Ruby Gap

Wer ebenfalls auf die Suche nach falschen Rubinen gehen will, kann dies im Ruby Gap tun. Nur wer mit einem Geländewagen mit hoher Bodenfreiheit unterwegs ist, sollte sich auf den Track begeben. Von Arltunga geht es auf unbefestigter Straße 15 Kilometer in südöstlicher Richtung. Die Piste wird auf den folgenden 25 Kilometern anspruchsvoller. Vorsicht bei der Fahrt im sandigen Flussbett des Hale River! Es gibt tiefsandige Stellen und Allradantrieb ist zwingend notwendig, um durchzukommen. Zudem macht es Sinn den Reifendruck zu reduzieren, um ein Steckenbleiben zu vermeiden. Für Offroad-Enthusiasten ist dies das perfekte Gelände.

Erreicht man das Ruby Gap Camp, sollte man das Fahrzeug stehen lassen und zu Fuß weitergehen. Bis zur Glen Annie Gorge sind es zwei Kilometer und zum Fox's Grave nochmals zwei. Die Wanderung durch die Schlucht ist genial, denn bis zu 80 Meter hohe rote Wände ragen empor. Apropos rot: unbedingt im sandigen Flussbett nach purpurfarbenen Steinchen Ausschau halten! Ob das Rubine sind? Genau diese roten Steinchen haben für die Euphorie gesorgt und den Rubine-Boom ausgelöst. Leider handelt es sich trotz allem um wertlose Granate. Im Glen Annie Gorge gibt es aber nicht nur rote Steinchen zu bewundern, sondern auch permanente Wasserlöcher, wo Wellensittiche und Zebrafinken ein Paradies gefunden haben.

Die Glen Annie Gorge ist übrigens eine Sackgasse.

Info

Lage: im östlichen Teil der East MacDonnell Ranges, östlich von Alice Springs

Anfahrt: Arltunga ist 110 km östlich von Alice Springs entfernt. Der Ruby Gap Nature Park ist 37 km von Arltunga entfernt. Der größte Teil der Strecke zur Ruby Gap führt durch das Flussbett des Hale River. Die Fahrt durch den Glen Annie Gorge ist abwechselnd steinig und sandig.

Distanz: 37 km von Arltunga bis zur Ruby Gap

Reisedauer: 1 bis 2 Tage

Beste Reisezeit: April bis September

Öffnungszeiten: immer; nach Regen kann die Straße gesperrt werden.

Eintritt: nichts

Aktivitäten: wandern, 4WD-fahren, Vögel beobachten, falsche Rubine suchen

Unterkünfte/Camping:

- *bushcamping* im Ruby Gap Nature Park, keine Infrastruktur
- Campen im Trephina Gorge Nature Park mit Toiletten, Gasgrill, Tische und Sitzbänke. Gebühren können an der Selbstregistrierungsstation bezahlt werden, 3,30 AUD Erwachsene, 1,65 AUD Kinder (5-15 Jahre)

Achtung:

- Während der Trockenzeit ist das Flussbett trocken. Bei starkem Regen sollte man die Schlucht sofort verlassen. Der Hale River kann nämlich nach heftigen Regenfällen überfluten.
- Ein Geländewagen mit 4WD und hoher Bodenfreiheit ist Voraussetzung.

Western Australia

25. Von Broome ans Cape Leveque: Rote Sandpiste, spektakuläre Klippen und Traumstrände
26. Die abenteuerliche Reise zum Mitchell Plateau und den Mitchell Falls
27. Canning Stock Route: Das ultimative Offroad-Abenteuer
28. Gunbarrel Highway: Anspruchsvoll, abenteuerlich, abwechslungsreich
29. Von Menzies nach Sandstone: Outback pur mit einer Prise Kunst am Lake Ballard
30. Von New Norcia durch das Outback zum Burringurrah (Mount Augustus)
31. Von Tom Price bis zum Millstream Chichester National Park auf der Rio Tinto Access Road
32. Einzigartige Granitfelsen und Salzseen entlang der Hyden-Norseman Road entdecken

James Price Point

Timorsee
26. Mitchell Plateau
und Mitchell Falls
Gibb
25. Broome – Cape Leveque
Broome
Halls Creek
Port
Hedland
Karratha
27. Canning Stock Route
31. Tom Price –
Millstream Chichester
National Park
WESTERN AUSTRALIA
Mount Augustus
National Park
28. Gunbarrel Highway
30. New Norcia –
Mount Augustus
Wiluna
Sandstone
Geraldton
29. Menzies – Sandstone
Menzies
Kalgoorlie
Perth
Norseman
Hyden
Indischer
Ozean
32. Hyden-Norseman Road
Große
Australische
Bucht
Esperance
Albany

25. Von Broome ans Cape Leveque: Rote Sandpiste, spektakuläre Klippen und Traumstrände

Die Dampier Peninsula nördlich von Broome wartet mit einer atemberaubenden Küstenlandschaft auf. Noch ist die Fahrt auf der teils unbefestigten Sandpiste abenteuerlich und ein Geländewagen ist empfehlenswert, wenn man die spektakuläre Küste und den nördlichsten Zipfel erkunden will. In Zukunft wird das Cape Leveque jedoch für alle einfach zugänglich werden, die Straße dorthin soll durchgehend befestigt werden.

Das Cape Leveque ist landschaftlich atemberaubend. Auch wenn es kitschig klingt, der Küstenabschnitt zwischen Broome und dem Cape Leveque mit seinen rostroten Klippen, dem weißen Strand und dem kristallklaren Wasser ist malerisch.

Verlässt man Broome auf dem Great Northern Highway, zweigt nach zehn Kilometern die Cape Leveque Road Richtung Norden ab. Die ersten 14 Kilometer erfolgen auf befestigter Straße, bevor diese in eine sandige Piste mit wellblechartigen Abschnitten übergeht. Die Kondition der Straße ist abhängig davon, wann der *grader* das letzte Mal die Straße begradigt hat. Wichtig ist, das Tempo den Straßenverhältnissen anzupassen. Auf einigen Passagen ist die Straße eng und hat steile Böschungen.

James Price Point

Kurz nachdem die Teerstraße aufhört, verzweigt die Straße. Die Cape Leveque Road verläuft weiter in nördlicher Richtung und nordwestlich geht es auf die Manari Road. Wer Zeit und einen Geländewagen hat, erreicht über die diese nach wenigen Kilometern den Abzweig zur Willie Creek Pearl Farm. Wer mehr über die Perlenzucht erfahren will, kann die Perlenfarm besichtigen. Folgt man weiter der Manari Road, kommt man entlang der Strecke beim Barred Creek, Quondong Point und James Price Point mit schönen Plätzen zum Picknicken oder Campen vorbei. Links und rechts entlang des Tracks wächst dichter *bush*, und so ist es ein unglaubliches Gefühl, wenn man schließlich die Küste erreicht und das weite, offene Meer sieht. Die Klippenlandschaft mit den einsamen Stränden ist wunderschön. Besonders eindrucksvoll ist die Aussicht vom James Price Point auf den Indischen Ozean. Wer zwischen Juni und September da ist, hat gute Chancen Wale vorbei ziehen zu sehen. Dieser Küstenabschnitt ist spektakulär allein schon wegen des genialen Farbenspiels von roten Klippen, weißem Sandstrand und türkisfarbenem Wasser. Die Manari Road geht rund elf Kilometer weiter bis zum Coulomb Point und endet schließlich beim Cape Bertholet. Für diesen Track ist ein 4WD-Fahrzeug mit hoher Bodenfreiheit empfehlenswert. Eine Abkürzung zurück zur Broome Cape Leveque Road gibt es nicht, somit muss man die gleiche Strecke zurückfahren.

Willie Creek

Cape Leveque Road

Zurück auf der Cape Leveque Road folgen knapp 100 Kilometer auf sandiger Straße bis zur Abzweigung, die zur Aborigine-Community Beagle Bay führt. Die Cape Leveque Road ist kurz vor Beagle Bay bis zum nördlichen Zipfel auf der Dampier Peninsula geteert, so auch die vier Kilometer bis Beagle Bay. Dort befindet sich der Mother of Pearl-Altar in der Sacred Heart Church. Um die Kirche zu besuchen, muss man sich im Community Office melden und eine Eintrittsgebühr bezahlen.

Zurück auf der Broome Cape Leveque Road kommt nach 21 Kilometern die Abzweigung zur Middle Lagoon, ein bekannter Ort zum Fischen. Bis zu den Camping- und Angel-Spots sind es weitere 34 Kilometer Fahrt auf unbefestigter Piste. Die Fahrt zur Middle Lagoon lohnt sich aber nicht nur für Fischer, sondern auch wegen der traumhaft schönen Aussicht auf das Meer und die kitschigen Sonnenuntergänge. Die Middle Lagoon ist rund 175 Kilometer von Broome entfernt.

Der Straßenverlauf von Beagle Bay nach Lombadina und bis zum nördlichsten Zipfel Kooljaman erfolgt durch die Halbinsel. Das Meer sieht man während der Fahrt nicht. Von Lombadina sind es weitere neun Kilometer auf Teerstraße, und die letzten fünf Kilometer bis zum Kooljaman Resort erfolgen auf sandiger Piste. Wer in Kooljaman übernachten will, sollte unbedingt vorher buchen. Das Resort ist sehr beliebt. Die zwei sehenswertesten und schönsten Plätze am Cape Leveque sind Kooljaman und Bardi (One Arm Point). Für Letzteren wird eine Bewilligung benötigt. Cape Leveque heißt übrigens in der Sprache der Aborigines Kooljaman.

Auf der Westseite der Halbinsel befinden sich wunderschöne, rote Sandsteinklippen und zu deren Füßen weißer Sandstrand mit türkisfarbenem Meer. Diese Farbkombination verwandelt die Landschaft in eine Traumwelt. Auf der Ostseite hingegen gibt es tolle Strände zum Baden. Und mit etwas Glück kann man hier Delfine oder Wale vom Strand aus beobachten. Immer die Augen offen halten für unerwartete Sichtungen!

An der Westküste

Info

Lage: Das Cape Leveque befindet sich ganz im Norden der Dampier Peninsula und ist eine der abgelegensten Orte in Australien.

Anfahrt: Broome bis Cape Leveque 210 km, von Broome auf dem Great Northern Highway 10 km bis zur Abzweigung auf die Broome Cape Leveque Road, von Broome bis zur Middle Lagoon 175 km

Distanz: von Broome bis Kooljaman Resort 210 km und 420 km hin und zurück (ohne Abstecher zu Stränden oder Communities); die Hin- und Rückfahrt erfolgt auf derselben Straße.

Reisedauer: 2 bis 3 Tage

Beste Reisezeit: Mai bis September

Öffnungszeiten: immer; während der Regenzeit und Zyklon-Saison kann die Straße geschlossen sein.

Eintritt:
- Bewilligungen für die Middle Lagoon, Lombadina und Bardi (One Arm Point) benötigt.
- Der Besuch der Beagle Bay Church ist kostenpflichtig.
- Buchung und Eintritt im Kooljaman Resort.

Aktivitäten: sonnenbaden, schwimmen, schnorcheln, fischen, Perlenfarm besichtigen, 4WD-fahren, Traumstrände genießen und Sonnenuntergänge fotografieren

Unterkünfte/Camping:
- Camping an der Middle Lagoon, WC und Duschen
- In Kooljaman gibt es einen Caravan Park mit Stellplätzen mit Strom (43 AUD für 2 Personen) und ohne Strom (38 AUD für 2 Personen), WC und Duschen, Campingküche mit Kühlschrank, einen kleinen Shop und ein Restaurant.
- Diverse Campingplätze in Broome
- Diverse *bushcamps* entlang der Küste, u.a. beim Quandong Point und James Price Point.

Versorgung: In Broome gibt es alles, auf der Dampier Peninsula gibt es in Lombadina, Beagle Bay, Bardi (One Arm Point) Lebensmittelgeschäfte und eine Tankstelle.

Info: Die nächsten Jahre soll die gesamte Strecke geteert werden. Wer das Cape Leveque noch als abenteuerlichen Trip erleben will, sollte dies so schnell wie möglich tun.

***Achtung*:** Die Hälfte der Strecke erfolgt auf sandiger Piste. Ein Geländewagen ist empfehlenswert.

26. Die abenteuerliche Reise zum Mitchell Plateau und zu den Mitchell Falls

Wer die legendäre Gibb River Road auf dem Radar hat, sollte unbedingt ein paar Extra-Tage zum Mitchell Plateau einplanen. Der Abstecher von rund 500 Kilometern ist zwar nicht ohne, lohnt sich jedoch sehr. Faszinierende Wasserfälle, tiefe Schluchten, Wanderungen zu atemberaubenden Plätzen und uralte Felszeichnungen machen den Roadtrip in diesem Teil der Kimberley Region zu etwas ganz Besonderem.

Entlang der Gibb River Road treffen Reisende auf wunderschöne Natur, tiefe Schluchten, erfrischende Badepools und beeindruckende Wasserfälle. Der wohl schönste und spektakulärste Abstecher entlang der Gibb River Road – und vielleicht sogar der gesamten Kimberley Region – ist der zum Mitchell River National Park. Die Anfahrt ist anstrengend und weit. Wer die Strapazen auf sich nimmt, wird dafür mit einzigartiger Natur belohnt.

Der Abstecher zum Mitchell Plateau startet 294 Kilometer westlich von Kununurra. Dort befindet sich die Abzweigung auf die Gibb-River-Kalumburu Road. Als erstes kommt man an einem Rastplatz mit Picknicktischen und Toiletten vorbei und nach weiteren 3,2 Kilometern gibt es die erste Flussdurchquerung. Die Furt des Gibb River ist betoniert und während der Trockenzeit einfach zu meistern. Auf beiden Seiten des Gibb River befinden sich sehr schöne Stellplätze und der idyllische Ort lädt zum Verweilen ein.

Gibb River Road/Kalumburu Road

Gibb River

Die Kalumburu Road ist eine breite, unbefestigte Straße, die jedoch extrem anstrengend zum Fahren sein kann. Je nachdem wann der *grader* die Straße begradigt hat, sind die ersten 160 Kilometer erträglich oder gehören zu den schlimmsten Strecken Australiens. Auf der Fahrt entlang der Kalumburu Road gibt es keine erwähnenswerten Sehenswürdigkeiten. Hat man die ersten 160 Kilometer geschafft, verzweigt sich die Straße. Auf der Port Warrender Road, die zum Mitchell River National Park führt, gibt es auf den folgenden 85 Kilometern Abwechslung. Die erste Herausforderung wartet bereits nach acht Kilometern, nachdem man die Kalumburu Road verlassen hat: der King Edward River. Das Furten ist gegen Ende der Trockenzeit nicht schwierig, denn der Untergrund ist griffig. Knifflig sind nur die steilen Ein- und Ausfahrten und dass die Furt um eine Kurve verläuft. Ein Geländewagen mit hoher Bodenfreiheit ist empfehlenswert. Der King Edward River führt das ganze Jahr über Wasser und im Normalfall ist die Durchfahrt von Ende Mai bis Oktober möglich. Bei Munurru lohnt sich ein Stopp, um sich die Felsmalereien der Aborigines im Gwion-Gwion- oder Bradshaw-Stil sowie im Wandjina-Stil anzuschauen. Die Wandjinas- und Gwion-Gwion-Figuren sind überaus sehenswert. Vom Parkplatz aus führen zwei kurze Trampelpfade durch die Baumsavanne zu Überhängen, wo sich die faszinierenden Zeichnungen befinden.

Felszeichnungen

Die Straße wird enger und schlängelt sich durch Baumsavannen. Ständiger Begleiter ist extremes Wellblech, außer man gehört zu den Glücklichen, welche gleich hinter dem *grader* zum Mitchell Plateau fahren. Die holprige Straße mit extremen Auswaschungen, Waschbrett und Schlaglöchern ist eine Nervenprobe für Fahrer und eine Tortur für das Fahrzeug. Die Piste ist aber nicht nur kurvenreich und holprig, sondern es liegen auch große Steinbrocken auf der Straße. Umso wichtiger ist es vorsichtig und mit angemessener Geschwindigkeit zu fahren. Vom Fahrer wird volle Konzentration gefordert.

Nach anstrengenden 71 Kilometern kommt man schließlich zur Kreuzung, wo man 14 Kilometer in westlicher Richtung den Mitchell River Campground erreicht. Der Campingplatz ist Ausgangspunkt für einen Besuch der beeindruckenden Mitchell Falls. Der Wasserfall ergießt sich über mehrere Stufen und ist Hauptgrund für die anstrengende Anreise. In dem Moment, in dem man vor dem wunderschönen Wasserfall steht, sind alle Strapazen vergessen.

Die Port Warrender Road verläuft übrigens in nördlicher Richtung weiter, kommt nach 26 Kilometern zum Surveyors Pool und endet nach 41 Kilometern beim Port Warrender. Dieses Stück ist nur für sehr erfahrene 4WD-Fahrer geeignet.

Track zum Mitchell River Plateau

Wanderung zu den Mitchell Falls

Die Wanderung zu den Mitchell Falls ist 4,3 Kilometer (hin und zurück) und gut ausgeschildert. Rund vier Stunden sollte man einrechnen, um den Auf- und Abstieg in vollen Zügen zu genießen. Als erstes kommt man an den Little Mertens Falls vorbei, wo der Wasserfall in einen schönen Pool fließt. Ein kleiner Pfad führt zum Fuß des Wasserfalls. Dort ist ein riesiger Überhang entstanden. Wer eine Abkühlung braucht, kann entweder im großen Pool baden, der sich am Fuß des Wasserfalls befindet. Oder man stellt sich einfach hinter den Wasserfall und lässt sich vom Wasserstaub erfrischen. Auf dem Weg zurück zum Hauptweg kann man eine beeindruckende Galerie von Felszeichnungen der Aborigines anschauen.

Im letzten Viertel der Wanderung führt der Weg an der Abbruchkante der Big Mertens Falls vorbei. Hier stürzt der Mitchell River in eine tiefe, enge Schlucht. Knapp zwei Stunden ist man unterwegs bis zu den Mitchell Falls. Man steht oberhalb des ersten Wasserfalls, der sich über mehrere Kaskaden ergießt. Das Baden in den Pools am Fuß der Mitchell Falls ist nicht erlaubt. Schöne Bademöglichkeiten gibt es jedoch im Mitchell River oberhalb der Wasserfälle. Vorsicht beim Einstieg, die Steine sind sehr rutschig! Um die Mitchell Falls in seiner ganzen Pracht zu bestaunen, führt ein Pfad links am Wasserfall vorbei bis zu einem tollen Aussichtspunkt. Zuerst heißt es den Mitchell River zu überqueren. Auf der anderen Flussseite geht es am markierten Weg entlang über Felsen bis zum Aussichtspunkt. Die Kletterpartie dauert rund 15 Minuten bis man schließlich den gewaltigen Wasserfall vor sich sieht. Dieser Moment ist magisch.

Wer nicht genug Energie hat, kann auch mit dem Helikopter über die spektakulären Mitchell Falls fliegen. Sehr beliebt ist es einen Weg zu fliegen und zurück zu wandern. Etwas störend ist das ständige Rotorengeräusch, das leider ganz und gar nicht in die sonst wilde und abgelegene Landschaft passt.

Die Hauptattraktion ist ganz klar die Aussicht auf die Mitchell Falls. Eine bleibende Erinnerung ist sicher auch die abenteuerliche Fahrt zum Nationalpark, die einzigartigen Felszeichnungen der Aborigines, die Baumsavannen und die Schluchten mit ihren roten, steil abfallenden Wänden.

Mitchell Falls

Info

Lage: Der Mitchell River National Park befindet sich im abgelegenen Norden der Kimberley Region.

Anfahrt: Von Kununurra ist das Mitchell Plateau 539 km entfernt und bis Derby sind es 656 km.

Distanz: 500 km hin und zurück von der Gibb River Road

Reisedauer: 2 bis 3 Tage

Beste Reisezeit: Mai bis Oktober

Öffnungszeiten: Mai bis Ende Oktober; vor der Reise unbedingt die aktuelle Straßensituation prüfen, www.mainroads.wa.gov.au/Pages/default.aspx. Je nach Regenzeit kann die Straße bis Mitte Mai geschlossen sein.

Eintritt: Uunguu Visitor Pass bis zu 5 Tagen 45 AUD p. P. für die Ngauwudu Road Zone, www.wunambalgaambera.org.au/

Aktivitäten: wandern, kulturelle Stätten besichtigen, baden und 4WD-Abenteuer

Unterkünfte/Camping:

- Nationalpark-Camping: Mitchell Falls mit Toiletten, Feuerstellen und Picknicktische, 11 AUD Erwachsene, 3 AUD Kinder (5-16)
- Kommerzielle Campingplätze: Drysdale River Homestead Campground mit Toiletten, Duschen, Bar und Restaurant, 16 AUD Erwachsene, 6 AUD Kinder (5-15); Miners Pool, rund 5 km von der Homestead entfernt am Ufer des Drysdale River, 12 AUD pro Erwachsene, Kinder kostenlos; Munurru (King Edward River) Campground, großzügiger Platz am Fluss mit Toiletten 10 AUD p. P. *bushcamping* am Gibb River Crossing, 3 km nach der Abzweigung von der Gibb River Road auf die Kalumburu Road und nach 16 km beim Plain Creek

Versorgung: Limitierte Auswahl an Lebensmitteln und Tankstelle im Drysdale River Homestead und in Kalumburu

***Achtung*:**

- Wer nach Kalumburu will, benötigt eine Bewilligung, parks.dpaw.wa.gov.au/park/mitchell-river
- Während der saisonalen Regenzeit ist die Gibb River Road sowie die Straße zum Mitchell River National Park von November bis Ende April gesperrt. Unbedingt vor der Reise die Details über die aktuelle Straßensituation abklären.

27. Canning Stock Route: Das ultimative Offroad-Abenteuer

Die Canning Stock Route (CSR) ist eines der ganz großen Outback-Abenteuer. Die Strecke gilt als längste Offroad-Piste der Welt, sie ist extrem abgelegen und wild. Gute Vorbereitung und das richtige Fahrzeug sind unglaublich wichtig, denn auf den fast 2000 Kilometern durchquert man die Tanami, die Gibson, die Great Sandy und die Little Sandy Desert. Fauna und Flora sind genauso abwechslungsreich wie der Track selbst. Der absolute Traum für 4WD-Enthusiasten!

Abseits der ausgetretenen Pfade, das ist die Canning Stock Route (CSR) auf jeden Fall. 1750 Kilometer führt die historische Viehstrecke durch raues, einsames Gebiet. Sie startet in Wiluna und endet in Billiluna, einer Aborigine-Community rund 170 Kilometer südlich von Halls Creek. Zivilisation sucht man auf der CSR vergebens. Perfekt für jene, die das Abenteuer suchen. Langweilig? Im Gegenteil! Wer die CSR unter die Räder nimmt, wird hunderte von Sanddünen überqueren, Salzpfannen um- oder durchfahren und anspruchsvolle Passagen bewältigen. Landschaftlich erwartet einen endlose Weiten, Sanddünen, Wüsteneichenwälder, schroffe Hügelzüge, Wildblumen- und Spinifex-Felder.

Der geschichtliche Hintergrund der Strecke ist interessant, aber auch traurig. Um 1900 ist in Wiluna der Goldrausch ausgebrochen. Die Minenarbeiter konnten von ihrem Geld jedoch nicht viel kaufen. Die Nachfrage nach Nahrungsmitteln, insbesondere Rindfleisch war groß. Um die Rinder von der Kimberley Region auf direktem Weg nach Wiluna zu bringen, wurde 1906 Alfred Canning beauftragt, die Strecke von Halls Creek nach Wiluna zu erschließen. Canning benötigte vier Jahre, um die 1500 Kilometer lange Strecke fertigzustellen. Das Wichtigste war natürlich Wasser, um das Vieh auf der Strecke zu versorgen. So sind die 52 Brunnen im Abstand von rund 25 Kilometer entstanden. Keine schöne Geschichte ist, wie Wasser gefunden wurde. Aborigines wurden von Canning gefangen gehalten und gefoltert, bis sie ihm die Position natürlicher Wasserlöcher zeigten. Heute sind die meisten Brunnen nur noch Ruinen. Einige davon wurden restauriert und ein paar führen sogar Wasser in Trinkqualität.

Meistens wird die CSR von Süd nach Nord gefahren, es geht aber auch problemlos andersherum. Wer in Wiluna startet, findet dort die letzte Möglichkeit einzukaufen, Treibstoff zu tanken und Wassertanks zu füllen.

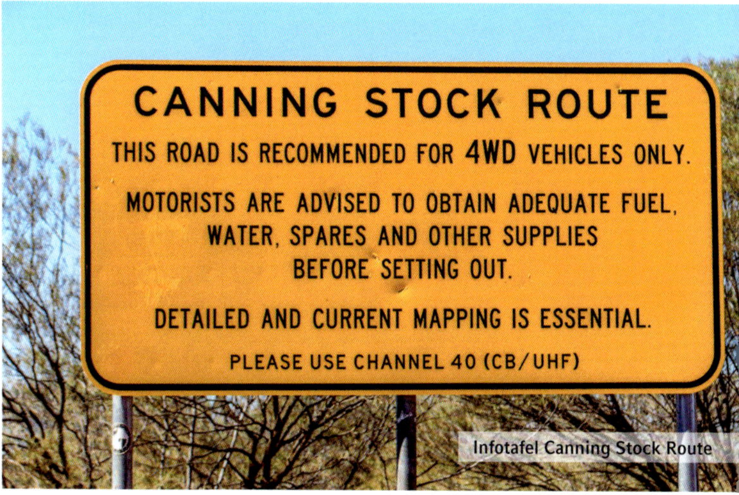

Infotafel Canning Stock Route

Auf der Wiluna North Road geht es Richtung Norden, wo nach wenigen Kilometern die Abzweigung zur Well 1 weggeht. Die Well 1 ist noch nicht auf der CSR. Das richtige Abenteuer beginnt erst rund 40 Kilometer nördlich von Wiluna. Dort, wo hinter der Infotafel eine einspurige, unauffällige Piste von der Straße verzweigt und im Nirgendwo verschwindet.

Der Moment, in dem man die Wiluna North Road verlässt, ist einzigartig. Es wartet die Wildnis des australischen Outbacks. Schon auf den ersten Kilometern auf der historischen Viehstrecke wird es abenteuerlich. Im Zickzack gehen verschiedene Spuren durchs Gebüsch. Tiefe Spurrillen deuten darauf hin, dass hier während der Regenzeit große Teile des Gebietes unter Wasser stehen. Das Teilstück zwischen Well 2 und 5 kann nach starken Regenfällen sogar unpassierbar sein. Bei Trockenheit ist fahrerisches Können gefragt. Tiefe Auswaschungen fordern volle Konzentration. Es folgen Salzseen, Wellblechpisten und Farmland.

Ein lohnenswerter Stopp ist bei Well 5. Es heißt, der Brunnen ist der tiefste entlang der CSR. Gleich nebenan befindet sich die Windich Spring. Eine Oase in der sonst trockenen, mit Spinifex überzogenen Landschaft. Hier gibt es auch einen ausgeschilderten Wanderweg. Rund 25 Kilometer weiter kommt die Well 6, ein restaurierter Brunnen mit gutem Wasser und Campingplatz unter großen Eukalyptusbäumen.

Restaurierter Brunnen, Well 6

Auf der CSR ändert sich die Landschaft ständig. Von *gibber plains* und endlosen Weiten über Spinifex, Wildblumen und Wüsteneichen gibt es immer etwas zu sehen. Und nicht zu vergessen die unzähligen Sanddünen. Zwischen Well 12 und 15 gibt es bereits die ersten anspruchsvollen Dünen zu überqueren.

Durba Springs

Wer einen Ruhetag einplanen will, sollte dies bei Durba Springs tun. Eine Oase inmitten wilder Natur, die man sich nicht entgehen lassen sollte. Die grüne Wiese, riesige Eukalyptusbäume und eine Schlucht laden zum Verweilen ein. Rund 500 Kilometer auf der abenteuerlichen Strecke sind geschafft, weitere 1100 Kilometer folgen noch.

Bald kommt eine Schlüsselstelle, der Savory Creek. Der salzige Fluss muss überquert werden. Es lohnt sich Tiefe und Bodenbeschaffenheit vor dem Furten zu prüfen, um ein Steckenbleiben zu verhindern. Salzseen und Wüsteneichen dominieren die Landschaft. Sehr beeindruckend ist der Lake Disappointment mit seiner schneeweißen Salzkruste. Der riesige Salzsee ist eine Augenweide.

Für Offroad-Enthusiasten wird es spannend. Sanddünen gehörten ab sofort zur Tagesordnung. Jetzt geht nichts mehr ohne reduzierten Reifendruck. Besonders weich sind die Dünen zwischen Well 24 und 26. Zwischen Well 26 und 29 liegen die Dünen rund 500 Meter auseinander.

Savory Creek

Lake Disappointment

Es wird flacher, so auch die Dünen. Und ein klein wenig Zivilisation ist in greifbarer Nähe, die Aborigine-Community Kunawarritji. Diesel und Wasser sind verfügbar und im Shop gibt es Lebensmittel und Eiscreme. Rund 15 Kilometer weiter nördlich befindet sich die Well 33, ein hervorragender Übernachtungsplatz mit Wassertank und Windrad. Für Fotografen ein besonders tolles Fotomotiv bei Sonnenaufgang und Sonnenuntergang.

Die ersten 40 Kilometer nach Well 33 sind eine Nervenprobe für Mensch und Materialprobe für Fahrzeug. Die krasse Wellblechpiste scheint endlos, bevor es in ein Dünenmeer übergeht. Zwischen Well 34 und 46 gibt es die meisten Dünen zu meistern. Die meist schräge Anfahrt um die Kurve macht die Überfahrt nicht einfach, dafür ist es ein Riesenspaß für 4WD-Fans. Die höchsten und längsten Dünen sind wohl die zwischen Well 38 und 39. Ein krasser Landschaftswechsel folgt bei Well 40. Der riesige Salzsee Lake Tobin löst Glücksgefühle aus, wenn man an die Überfahrt denkt. Statt einer durchschnittlichen Geschwindigkeit von rund 25 km/h, ist es sogar möglich, 50 km/h und mehr zu fahren. Das Gleiche gilt beim Guli Lake, nach Well 42. Eine willkommene Abwechslung zu den Sanddünen. Nicht vergessen: Zwischendurch innehalten, die mit Spinifex und Wildblumen überzogenen Sanddünen bestaunen und Ausschau nach Kamelen halten.

Windrad bei Well 33

Die Dünen werden weniger und der Track rauer. Beim Mount Ernest lohnt sich ein Stopp der gigantischen Aussicht auf die einsame Weite wegen. Well 49 ist ein Highlight. Es gibt eine schattenspendende Blechhütte, Toiletten, einen Wassertank und eine Dusche mit fließendem Wasser. Und das inmitten der Wüste. Das Ziel kommt näher. Well 51 ist der letzte Brunnen entlang der Canning Stock Route. Das große Abenteuer geht langsam zu Ende. Auf den letzten 50 Kilometern bis Billiluna wird der Track breiter, die Spinifex-Grasfelder leuchten und im Rückspiegel verschwindet die Canning Stock Route langsam.

Info

Lage: Die Canning Stock Route befindet sich in Western Australia und führt durch die Tanami, Little Sandy, Great Sandy und Gibson Desert. Die historische Viehstrecke verbindet Wiluna im mittleren Westen von Western Australia mit Billiluna (170 km südlich von Halls Creek) in der Kimberley Region.

Anfahrt: Die CSR startet oder endet in Wiluna oder Billiluna. Die meisten fahren die CSR von Süd nach Nord.

Distanz: Die Gesamtstrecke von Halls Creek bis Wiluna beträgt 1820 km und von Billiluna bis Wiluna 1650 km (inkl. kleinerer Abstecher zu den Wells).

Reisedauer: mind. 14 bis 16 Tage

Öffnungszeiten und beste Reisezeit: Mai bis September. Die Regenzeit fällt nicht jedes Jahr gleich stark aus, deshalb vor Reiseantritt unbedingt den Straßenzustand abklären.

Eintritt: 210 AUD. Da die CSR durch Aborigine-Gebiet führt, werden zwei Permits benötigt. Permit für das Gebiet von Well 5 bis 15 und Well 40 bis 51:permits.canningstockroute.net.au/default.aspx
Permit für das Gebiet von Well 16 bis 39: 4wda.org.au/canning_stock_route.php. Mit dem Permit bekommt man eine Broschüre (PDF) mit hilfreichen und wichtigen Informationen.

Kartenmaterial: Hema Great Desert Tracks, Western Sheet mit GPS-Daten von allen Wells und Abzweigungen

Aktivitäten: anspruchsvolle 4WD-Strecke, Sanddünen überqueren, historische Brunnen besichtigen, interessante Displays zur Geschichte bei Well 9, Spaziergang bei der Windich Spring am von Eukalyptusbäumen gesäumten Fluss entlang, Wanderung bei Durba Springs

Unterkünfte/Camping:

- Campingplätze mit Toiletten bei Well 6 (Pierre Springs), Well 12, Well 15, Durba Springs und Well 3. Well 33 ist super zum Campen, großzügiger Platz, ohne Toiletten, dafür mit großen Wassertank.
- Camping in der freien Natur ist an vielen Orten möglich. Achtung, *restricted areas* aus Respekt meiden, da dies meist spirituelle Plätze der Aborigines sind!

Versorgung:

- Großeinkauf in Kalgoorlie, Kununurra, Broome oder Derby. Lebensmittel für die gesamte Reisezeit und eine Reservewoche einplanen. Kleine Shops mit Lebensmitteln gibt es in Wiluna, Kunawarriji, Billiluna, Fitzroy Crossing und Halls Creek. Trinkwasser, Diesel und Abfallentsorgung überall vorhanden.
- Trinkwasserversorgung: 2 bis 3 Liter Trinkwasser p. P. und Tag, 2 bis 3 Liter Wasser zum Abwaschen und Körperpflege. Einige der Wells führen Wasser, das zum Duschen und Abwaschen geeignet ist. Well 6, Well 12, Well 15, Georgia Bore, Well 26, Well 33, Well 46, Well 49 gute Qualität. Zur Sicherheit Wasser abkochen oder filtern. Eimer und Seil ist meistens vorhanden.
- Treibstoff: Diesel erhältlich in Wiluna, Kunawarriji, Billiluna, Halls Creek. Die Preise bewegen sich zwischen 1,60 AUD und 3,40 pro Liter (Stand: Januar 2019)

***Achtung*:** Treibstoffverbrauch genau ausrechnen und Reserve einrechnen!

- Von Well 33 bis 51 ist der Verbrauch deutlich höher, weil unzählige hohe Sanddünen überquert werden müssen. Beispiel Treibstoffverbrauch mit Toyota Land Cruiser VDJ78 2007 Turbo: 13,7 Liter pro 100 km, Durchschnittsgeschwindigkeit: 23 km/h, 264 Liter für 1933 km

Wichtig:

- UHF Radio und Satellitentelefon für den Notfall
- Reiseapotheke
- Jemanden über die Reisepläne informieren und informieren, was zu tun ist, sollte man sich nicht zurückmelden.
- Die CSR idealerweise mit jemandem zusammen fahren!
- Für den Notfall genug Bargeld mitnehmen.

Was tun im Notfall: Bei einem Schaden/Totalausfall des Fahrzeuges unbedingt beim Fahrzeug bleiben und warten bis Hilfe kommt!

28. Gunbarrel Highway: Anspruchsvoll, abenteuerlich, abwechslungsreich

Der Gunbarrel Highway gehört zu den extremen und harten 4WD-Strecken in Australien. Wer sich auf das Abenteuer durch einsamstes Gebiet einlässt, wird fasziniert sein von der Schönheit des Outbacks. Entlang der 500 Kilometer langen, anspruchsvollen Piste gibt es Natur und Wüste, fantastische Buschcamps, einen Aussichtspunkt mit Sicht auf das endlos scheinende Land und historische Plätze.

Der Gunbarrel Highway ist eine Strecke durch das einsame Outback inmitten von Western Australia. In diesem Buch ist die rund 826 Kilometer lange Strecke zwischen Wiluna via Carnegie Station und Warburton beschrieben. Dies ist der am besten zugängliche Teil der Strecke. Im Bezug auf die genaue Strecke gibt es verschiedene Meinungen. Die einen Quellen sagen, der Gunbarrel Highway führe von Wiluna bis zum Warakurna Roadhouse. Andere finden, der Gunbarrel Highway verlaufe durch drei Staaten und zwar von der Carnegie Station über South Australia bis zur Victory Station.

Der Gunbarrel Highway ist die direkte Verbindung zwischen Wiluna und Warburton. Aber wie so oft ist der direkte Weg nicht wirklich der schnellste. Dafür aber spannend und erlebnisreich. Die Bezeichnung Highway ist in diesem Fall mit Vorsicht zu genießen, denn es handelt sich um eine anspruchsvolle 4WD-Piste, die fahrerisches Können voraussetzt. Wer plant den Gunbarrel Highway zu fahren, sollte mit einer Durchschnittsgeschwindigkeit von rund 30 km/h rechnen.

Wegweiser Gunbarrel Highway

Gunbarrel Highway

Start ist die Outback-Stadt Wiluna. Dort hat man die Gelegenheit Vorräte wie Lebensmittel, Treibstoff und Wasser aufzufüllen, bevor es auf die einsame 4WD-Strecke geht. Zum Gunbarrel Highway geht es von Wiluna in östlicher Richtung bis zur Carnegie Station auf der Wongawol Road und der Wiluna-Carnegie Road. Die Straße ist zwar unbefestigt, aber breit und gut ausgebaut. So kommt man die ersten 340 Kilometer gut voran. Entlang der Strecke gibt es Autowracks, Wüstenblumen und die endlose Weite des Outbacks.

Die Carnegie Station ist die letzte Möglichkeit die Treibstofftanks zu füllen, bevor man auf den Gunbarrel Highway fährt. Die nächste Tankstelle befindet sich erst im 485 Kilometer entfernten Warburton. Bei der Carnegie Station endet die Wongawol Road und es geht weiter auf den Gunbarrel Highway. Die ersten 100 Kilometer fahren sich gut auf einer breiten Kiesstraße, die allmählich schmaler wird bis sie schließlich nur noch als einspurige Piste verläuft.

Aussicht vom Lookout

Auf einen Schlag befindet man sich inmitten von Spinifex-Feldern und es führen mehrere Spuren durch das flache Land. Die Fahrspuren kommen früher oder später wieder zusammen und doch ist es wichtig, die richtige Spur zu erwischen, diejenige, bei der die Unebenheiten am kleinsten sind. Die Straße wird auf einen Schlag sehr anspruchsvoll. Viele Schlaglöcher erschweren die Weiterfahrt und wellblechartiger Untergrund ist ab sofort ein ständiger Begleiter.

Die Strecke führt nun durch das Mangkili Claypan Nature Reserve. Bei Trockenheit ist die Fahrt über die Lehmpfanne ein Kinderspiel. Bei Regen ist dies eine Schlüsselstelle, denn sie kann aufgeweicht, schlammig und dadurch unpassierbar sein. Auf dem weiteren Streckenverlauf gibt es immer wieder sandige Passagen, ausgewaschene Stellen und lange, wellblechartige Abschnitte. Fahrer, Beifahrer und Fahrzeug werden dabei kräftig durchgeschüttelt.

Der Gunbarrel Highway ist nicht nur für 4WD-Liebhaber wegen der abwechslungsreichen Strecke spannend, sondern auch landschaftlich attraktiv. Besonders schön ist die Stimmung in der Abendsonne, wenn die Spinifex-Felder golden leuchten. In Kombination mit der roten Straße ergibt es das typische Bild vom australischen Outback. Es stellt sich auch das Gefühl ein, weit weg von der Zivilisation zu sein.

50 Kilometer nach der Mangkili Claypan Reserve befindet sich die Geraldton Bore. Mit einer Handpumpe kann man Trinkwasser vom Grundwasserspiegel hoch pumpen. Die Geraldton Bore ist ein idealer Ort, um das Nachtlager aufzuschlagen. Bei einem Lagerfeuer den Sternenhimmel bestaunen ist der perfekte Abschluss eines erlebnisreichen Tages.

Die Everard Junction ist das nächste Etappenziel, das sich nur 32 Kilometer östlich von der Geraldton Bore befindet. Ein kurzer Wanderweg führt auf den Mount Beadell, wo ein Denkmal an Len Beadell erinnert, der diese Straße geplant und im Auftrag für militärische Zwecke gebaut hat. Fertiggestellt wurde sie im Jahr 1958. Eine geniale Aussicht auf die endlose Weite gibt es vom Aussichtspunkt.

An der Everard Junction trifft der Gary Highway auf den Gunbarrel Highway. Der Gary Highway verläuft in nördlicher Richtung und trifft nach rund 350 Kilometern bei der Community Kunawarritji auf die Canning Stock Route. Der Gunbarrel Highway geht in östlicher Richtung weiter. Der einspurige Track wird immer schmaler, denn das Spinifex holt sich hier die Natur zurück. Es kommt ein Gefühl auf, als ob dieser Weg schon länger nicht mehr befahren wurde. Das kann gut der Fall sein, denn es ist keine Seltenheit, dass man auf der einsamen Strecke mehrere Tage lang keiner Menschenseele begegnet.

Typische Landschaft entlang des Gunbarrel Highway

Plakette am Len Beadell Tree

Erneut verzweigen sich die roten Sandpisten und an gewissen Stellen gibt es sogar vier oder mehr Spuren nebeneinander. Kurz vor der Abzweigung, wo man auf den Heather Highway kommt, befindet sich der Len Beadell Tree. Im Baumstamm ist eine Plakette eingeschlagen, wo die Distanzen in alle Himmelsrichtungen angegeben sind. Es handelt sich um eine Kopie des Originals von Len Beadell, dem Erbauer des Gunbarrel Highway. Ganz in der Nähe vom Len Beadell Tree gibt es eine Wasserpumpe und *bushcamps*.

Die letzten paar Kilometer auf dem Gunbarrel Highway sind nochmals eine Herausforderung. Der Track ist stark ausgewaschen, und man kann erahnen, dass sich die Piste bei Regen in einen schlammigen Fluss verwandelt. Die Erleichterung ist groß, wenn man schließlich auf die Kreuzung trifft. Nach Warburton geht es auf dem Heather Highway in nördlicher Richtung. Geradeaus, also Richtung Osten, kommt man auf den Old Gunbarrel. Diesen Track darf man nur mit einer Spezial-Bewilligung und unter speziellen Bedingungen (u. a. Konvoi von 2 bis 5 Fahrzeugen) fahren. So ist die übliche Route auf dem Heather Highway bis zur Great Central Road zu fahren. Auch beim Heather Highway ist der Name vielleicht ein bisschen irreführend. Die unbefestigte Piste ist die ersten paar Kilometer zwar sehr angenehm zu fahren, es folgen jedoch bald viele Auswaschungen. Zudem zwingen lose, große Steine zum Langsamfahren. 85 Kilometer Fahrt sind es auf dem Heather Highway bis man schließlich die Great Central Road erreicht. Das Warburton Roadhouse befindet sich 37 Kilometer in östlicher Richtung und somit hat man das Ziel des Roadtrips erreicht. Trotz allem ist man noch immer mitten im Nirgendwo, nach der Einsamkeit auf dem Gunbarrel Highway ist man trotz allem zurück in der Zivilisation, zumindest ein kleines bisschen.

Info

Lage: Der Gunbarrel Highway befindet sich im Zentrum von Western Australia und ein Teil davon in der Gibson Desert.

Anfahrt: von Wiluna in östlicher Richtung auf der Wongawol Road bis Carnegie Station; von Yulara auf der Great Central Road bis Warburton und dann auf dem Heather Highway in nördlicher Richtung bis zum Gunbarrel Highway

Distanz: 825 km von Wiluna bis Warburton

Reisedauer: 4 Tage

Öffnungszeiten: immer

Beste Reisezeit: April bis September. Die Sommermonate von Oktober bis März sind zu meiden. Es ist heiß und Regenfälle können die Strecke unbefahrbar machen.

Eintritt: Permits werden für den Gunbarrel Highway und die Great Central Road benötigt. Erhältlich bei DAA, www.daa.wa.gov.au/land/entry-permits/permit-information, und beim Ngaanyatjarra Council, www.ngaanyatjarra.org.au/permits/getting-permit. Die Permits sind online erhältlich und kostenlos.

Aktivitäten: 4WD-fahren, campen, Natur genießen und Tiere beobachten. Es gibt Kamele, Dingos, Vögel und Thorny Devils.

- Wer den Gunbarrel Highway auf dem Radar hat, ist im perfekten Gebiet, um andere Offroad-Strecken anzuknüpfen: das Abenteuer Canning Stock Route (siehe Tipp 27, Seite 186) , der Tanami Track von Halls Creek nach Alice Springs oder die Great Central Road ins Zentrum oder an die Westküste.

Unterkünfte/Camping:

- Zimmer und Campingplatz in Wiluna, im Warburton Roadhouse und bei der Carnegie Station (Mingol Camp).
- *bushcamping* entlang des Gunbarrel Highway, zum Beispiel bei der Geraldton Bore und Camp Beadell.

Versorgung: Treibstoff und Lebensmittel sind in Wiluna, Carnegie Station und Warburton erhältlich (limitierte Auswahl).

***Achtung*:**

- Genug Diesel tanken, 485 Kilometer ohne Tankmöglichkeiten von der Carnegie Station bis zum Warburton Roadhouse.
- Ausreichend Wasser und Lebensmittel mitnehmen, auch Reserve einrechnen für den Notfall.
- 4WD-Kenntnisse sind Voraussetzung, wer sich auf die Piste durch dieses sehr abgelegene Gelände begibt.

29. Von Menzies nach Sandstone: Outback pur mit einer Prise Kunst am Lake Ballard

Es gibt keine klare Grenze, wo das Outback anfängt und wo es aufhört. Das braucht es auch nicht. Sobald man nämlich im Outback ist, merkt man das ganz genau. Zum Beispiel auf der Strecke zwischen Menzies und Sandstone. Unendliche Weiten, Salzseen, rote Sandpisten und Spinifex-Gras sind ständige Begleiter. Ein ganz besonderes Highlight entlang der Strecke ist die Open-Air-Kunstgalerie Inside Australia auf dem Salzsee Lake Ballard.

Menzies

Die verschlafene Outback-Ortschaft Menzies ist Ausgangspunkt für den Besuch der größten Freiluftgalerie in Australien. Inside Australia ist ein Projekt des Künstlers Antony Gormley, der auf dem Salzsee Lake Ballard 51 Skulpturen aufgestellt hat. Auf einer Fläche von zehn Quadratkilometern installierte er die Skulpturen und verwandelte so das Outback in eine Kunststätte. Die Skulpturen stellen die Bewohner von Menzies dar und sind das Resultat eines Kunstprojekts aus dem Jahr 2003.

Lake Ballard

Der Lake Ballard ist von Menzies über die unbefestigte Menzies-Sandstone Road erreichbar. Nach 53 Kilometern auf der breiten Schotterpiste verzweigt diese, und wer zum Salzsee will, kann hier den Wegweisern folgen. Nach etwas mehr als einem Kilometer erreicht man Lake Ballard und sieht auch schon die ersten Figuren im See stehen. Tagsüber kann es sehr heiß werden. Wanderungen auf dem Lake Ballard, zu den Kunstobjekten und zum Snake Hill Lookout auf der Erhebung im See sind am Vormittag oder späten Nachmittag sinnvoll. Einen markierten Wanderweg gibt es nicht, aber die Fußspuren deuten auf den Weg zu den Skulpturen hin. Um alle 51 Kunstwerke zu besichtigen, sind ein paar Stunden einzuplanen. Zum Fotografieren sind die Lichtverhältnisse bei Sonnenaufgang, am späten Nachmittag oder bei Sonnenuntergang besonders gut. Der Lake Ballard sieht je nach Jahreszeit und Regenmenge völlig unterschiedlich aus. So wechselt das Bild von der schneeweißen Salzkruste bis zur braunen Fläche. Nach Regenfällen können auch Teile des Sees mit Wasser gefüllt sein. Faszinierend sind dann die Spiegelungen in der glatten Oberfläche.

Weiter geht die Fahrt auf der Menzies-Sandstone Road. Besondere Sehenswürdigkeiten gibt es keine, dafür endlose Weite. Wer die Augen offen hält, kann auf der Fläche Emus oder Kängurus sichten. Rund 150 Kilometer weiter kommt man an der Bulga Downs Station vorbei. Die Piste führt über den ausgetrockneten Salzsee Lake Noondie. Bei Trockenheit ist der Untergrund hart und einfach zu befahren. Nach Regenfällen kann die Piste jedoch extrem rutschig werden.

Die kleine Ortschaft Sandstone wirkt nach 284 Kilometern durch das Outback wie eine Oase. Das Zentrum kann einfach zu Fuß erkundet werden. Überaus sehenswert ist die natürliche Steinformation London Bridge, die sich etwas außerhalb von Sandstone befindet. Einfach dem braunen Wegweiser folgen.

Wer noch nicht genug von staubigen Straßen und dem Outback-Feeling hat, kann die Reise durch das endlos weite Land Australiens auf der unbefestigten Meekatharra-Sandstone Road fortsetzen und weitere 190 Kilometer Outback-Feeling erleben. Wer lieber auf befestigter Straße weiterfährt, ist mit der Mount Magnet-Sandstone Road gut bedient. Diese führt zur Minenstadt Mount Magnet.

London Bridge

Outback-Straße Sandstone-Menzies Road

Info

Lage: im Zentrum von Western Australia

Anfahrt: von Kalgoorlie nach Menzies auf dem Goldfields Highway sind es 131 km in nördlicher Richtung (leicht nordwestlich), von Meekatharra bis Sandstone sind es 194 km in nordwestlicher Richtung

Distanz: 284 km von Menzies nach Sandstone

Reisedauer: 1 bis 2 Tage; eine Übernachtung am Lake Ballard ist empfehlenswert.

Öffnungszeiten: immer; während der Regenzeit kann die Straße gesperrt werden.

Beste Reisezeit: Mai bis Oktober

Eintritt: nichts

Aktivitäten: Spaziergang auf dem Lake Ballard, Aussichtspunkt Snake Hill, Besichtigung der Open-Air-Kunstgalerie Inside Australia, fotografieren, campen, am Lagerfeuer den Sternenhimmel bewundern

Unterkünfte/Camping:
- Camping am Lake Ballard, Toiletten, Wassertank, Picknicktische und Grillstellen sind vorhanden.
- Kommerzielle Campingplätze in Menzies und Sandstone

Versorgung: Treibstoff und Lebensmittel in Kalgoorlie, Sandstone und Menzies (limitiertes Angebot)

***Achtung*:**
- Der Salzsee kann sehr weich und schlammig sein.
- Straßenzustand vor der Reise prüfen auf travelmap.mainroads.wa.gov.au/

30. Von New Norcia durch das Outback zum Burringurrah (Mount Augustus)

Obwohl der Burringurrah größer ist als der Uluru, steht er bei den wenigsten Reisenden auf dem Reiseplan. Das macht die Fahrt zum Mount Augustus, wie der Berg auch genannt wurde, umso spannender. Wer von New Norcia zum Burringurrah fährt, kann im Frühjahr wunderschöne Wildblumenfelder erleben bevor die Fahrt durch das Outback beginnt. Je weiter nördlich man reist, desto dünner besiedelt ist die Gegend.

Der Burringurrah wird von nur wenigen Menschen besucht. Ein Grund ist bestimmt die Erreichbarkeit und Abgeschiedenheit des Inselbergs. Die Anreise kann aus verschiedenen Richtungen erfolgen. Egal, woher man anreist, die Zufahrt ist nur über unbefestigte Straßen möglich.

New Norcia

Yarra Yarra Lakes Lookout

Eine Alternative ist von New Norcia aus Richtung Norden zu fahren. Die Klosterstadt New Norcia befindet sich 145 Kilometer nördlich von Perth und ist für die schönen Gebäude des Benediktinerklosters bekannt. Die im spanischen Stil gebauten Gebäude und Anlagen stammen aus dem 19. Jahrhundert. Beim Spaziergang durch die Ortschaft taucht man in eine andere Welt ein.

Die nächste Station ist Moora, die entweder über den Great Northern Highway 95 oder über die Bindoon-Moora Road erreichbar ist. Von New Norcia bis Moora sind es rund 55 Kilometer, egal, welche Strecke man wählt. Moora ist eine aufstrebende Ortschaft. Besonders während des australischen Frühlings ist ein Besuch in Moora und der Umgebung interessant. Die Region ist nämlich bekannt für Wildblumen und besonders schön, wenn die Felder zwischen August und November in voller Blüte sind. Gerade nach anhaltenden Regenfällen verwandeln sich die Felder in ein Blumenmeer.

Die folgenden 114 Kilometer auf der Midlands Road von Moora bis Three Springs führen durch verschiedene Dörfer und Siedlungen. Besonders lohnenswert ist ein Stopp beim Yarra Yarra Lakes Lookout, der sich etwas außerhalb der Ortschaft Carnamah an der Carnamah-Eneabba Road befindet. Die Ortschaften werden immer kleiner und auch landschaftlich verändert sich die Gegend. Von Three Springs führen die nächsten 137 Kilometer durch die kleinen Ortschaften Mingenew und Mullewa. Dieses Gebiet ist auch als Wildflower Country bekannt. In Mullewa geht es in nördlicher Richtung auf der Carnarvon-Mullewa Road weiter, die von Teerstraße in eine breite, unbefestigte Straße übergeht.

bushcamping entlang der Carnarvon-Mullewa Road

Rote Erde und Staub sind nun stete Begleiter auf dem Weg zum Burringurrah. Entlang der 201 Kilometer bis zum Murchison Roadhouse verläuft der Murchison River ein Stück weit parallel zur Straße. Dort gibt es schöne Plätze am Fluss zum Picknicken oder Campen. Wer etwas mehr Komfort braucht, kann auch im Murchison Oasis Roadhouse einkehren und campen. Nach der langen Fahrt auf der staubigen Outback-Straße ist das Roadhouse eine richtige Oase.

Auf dem Weg zum Burringurrah (Mount Augustus)

Typische Outback-Landschaft mit roter Erde, kleinen Büschen und flachem Land gibt es auch auf den kommenden 190 Kilometern. Die Carnarvon-Mullewa Road verzweigt bei Glenburgh. Dort heißt es in östlicher Richtung nach Dalgety Downs abzubiegen. Auf den nächsten 100 Kilometern muss man verschiedene Flussdurchquerungen bewältigen. Die meisten Flüsse führen während der Trockenzeit kein Wasser. Der Gascoyne River ist die Ausnahme. Je nach Saison und Regenmenge stellt er eine Schlüsselstelle dar. Es sind Markierungen an der tiefsten Stelle angebracht, wo man den Wasserstand ablesen kann. Vorsicht beim Furten! Der Gascoyne River kann schnell fließen und eine Durchfahrt erschweren. Hat man die Flussüberquerung geschafft, sind es nur noch 100 Kilometer bis zum Burringurrah.

Burringurrah (Mount Augustus)

Es ist ein beeindruckender Moment, wenn man nach 1000 Kilometern Fahrt durch einsames und flaches Land plötzlich vor dem Berg steht. Mit 1105 Metern ist er zwar nicht sehr hoch, dafür ist er flächenmäßig riesig, acht Kilometer lang und fünf Kilometer breit. Mit dem Fahrzeug kann man den Burringurrah auf dem 49 Kilometer langen Loop Drive umrunden und von allen Seiten betrachten.

Für Wanderer gibt es verschiedene Möglichkeiten: Wer auf den Gipfel will, hat 700 Höhenmeter zu bewältigen. Für die Besteigung ist es empfehlenswert früh morgens zu starten. Der Summit Trail (12 km hin und zurück) ist exponiert und Schatten sucht man vergebens. Beim Aufstieg lohnt es sich den ersten Teil über den Gully Trail (auch Flintstone Rock Walk) durch das ausgetrocknete Flussbett zu wandern. Der Gully Trail verläuft drei Kilometer parallel zum Summit Trail. Das felsige Bachbett ist besonders für geologisch Interessierte spannend. Auch Felszeichnungen der Aborigines befinden sich zu Beginn des Weges. Viele davon sind leider kaum zu erkennen. Nach der Hälfte (1,5 km) kann man den Gully Trail verlassen oder auch den gesamten Gully Trail (3 km) zurücklegen. Zurück auf dem Summit Trail geht es bis zum Gipfel stetig aufwärts. Der Aufstieg ist anstrengend, auf dem Gipfel wird man dafür mit schöner Aus- und Weitsicht über das faszinierende Outback belohnt. Vier Stunden sollte man für die Wanderung rechnen.

Weitere Wanderungen sind der Edney's Trail. Der sechs Kilometer lange Wanderweg (hin und zurück) bietet ein tolles Panorama mit 360-Grad-Rundumblick. Vom Emu Hill Lookout hat man einen beeindruckenden Blick auf den Burringurrah. Auf dem Corella Trail kann man Vögel vom Südufer des Lyons River beobachten. Gum Grove Trail, The Pound Trail und Saddle Trail bieten ebenfalls Wandermöglichkeiten.

Aussicht vom Summit Trail

Info

Lage: Burringurrah (Mount Augustus) befindet sich 1274 km nördlich von Perth, 484 km östlich von Carnarvon und 560 km nordwestlich von Meekatharra.

Anfahrt: von Perth via New Norcia (wie hier beschrieben), Mount Magnet und Meekatharra oder von der Küste her von Carnarvon via Gascoyne Junction und diversen alternativen Routen; alle Straßen, die zum Burringurrah führen, sind unbefestigt.

Distanz: 1000 km von New Norcia via Moora, Three Springs und Murchison Oasis Roadhouse bis Burringurrah (Mount Augustus)

Reisedauer: 2 bis 3 Tage

Öffnungszeiten: immer; die Straße kann nach starken Regenfällen gesperrt sein.

Beste Reisezeit: April bis Oktober

Eintritt: nichts

Aktivitäten: Besichtigung und Rundfahrt zu den Wildblumen Feldern zwischen August und November, wildflowercountry.com.au

Unterkünfte/Camping:
- Campingplatz beim Murchison Oasis Roadhouse mit Restaurant und Café, Toiletten und Dusche.
- Mount Augustus Tourist Resort mit Stellplätzen mit und ohne Strom, Toiletten, Dusche und Barbecue vorhanden, www.mtaugustustouristpark.com
- Im Nationalpark gibt es keine Campingmöglichkeiten.

Versorgung: Einkaufsmöglichkeiten und Treibstoff in New Norcia, Moora, Mingenew und Mullewa und im Murchison Oasis Roadhouse (limitiertes Angebot)

Gut zu wissen: Vom Campingplatz Mount Augustus Tourist Resort hat man eine wunderbare Aussicht auf den Inselberg. Besonders bei Sonnenaufgang und Sonnenuntergang erlebt man ein fantastisches Farbenspiel.

***Achtung*:**
- Unbedingt die Straßenbedingungen vor der Fahrt prüfen, travelmap.mainroads.wa.gov.au
- Bei Regenfällen können Flüsse überfluten und eine Durchfahrt unmöglich machen.
- Der Burringurrah ist abgelegen. Genügend Wasser und Lebensmittel für den Notfall mitnehmen.

31. Von Tom Price bis zum Millstream Chichester National Park auf der Rio Tinto Access Road

Der Millstream Chichester National Park befindet sich in der faszinierenden Pilbara Region. Dank seiner Abgeschiedenheit wird er nicht von Menschenmassen heimgesucht. Das heißt nicht, dass es nichts zu sehen gibt. Im Gegenteil. Allein schon die Anfahrt zum Python Pool ist absolut traumhaft. Ebenfalls total sehenswert ist der mit Fächerpalmen gesäumte Fortescue River und das Old Millstream Homestead im westlichen Teil des Nationalparks.

Die Minenstadt Tom Price ist wie eine Insel. Sie ist umgeben von rollenden Hügeln und viel unbewohntem Land. In der Kleinstadt geht es geschäftig zu und her. Einerseits wegen der Mine, andererseits ist Tom Price Versorgungsort für Besucher des bekannten Karijini National Park und des unbekannteren Millstream Chichester National Park in der Pilbara.

Typische Landschaft der Pilbara

Die Fahrt von der Minenstadt Tom Price bis zum Millstream Chichester National Park kann über verschiedene Straßen erfolgen. Entweder über die Rio Tinto Access Road oder die Nanutarra Road, wo man bei der Harmersley Gorge vorbei kommt. Bei dieser erfolgt die Weiterfahrt auf der Fortescue Crossing Road und der Roebourne-Wittenoom Road.

Hier wird die Strecke auf der unbefestigten Rio Tinto Access Road beschrieben. Diese ist etwas kürzer als über die Nanutarra Road. Landschaftlich sind beide Strecken toll, denn sie führen durch das typische Landschaftsbild der Pilbara mit roten Sandpisten und orangefarbenen Hügelketten.

Der direkte Weg zum Millstream Chichester National Park führt wie oben erwähnt über die Rio Tinto Access Road (Tom Price Railway Service Road). Diese Straße wird von der Minengesellschaft Rio Tinto benutzt und unterhalten. Wer auf dieser Straße zum Nationalpark fahren will, benötigt eine Bewilligung. Diese bekommt man – mit Informationen zum Verhalten auf der Strecke – kostenlos in der Touristeninformation in Tom Price.

Entlang der Rio Tinto Access Road

Wichtig ist nämlich, dass man auf der Fahrt nicht den Minenbetrieb stört. Dass der Minenbetrieb aktiv ist, macht die Fahrt entlang der unbefestigten Rio Tinto Access Road spannend. Sie verläuft nämlich entlang der Bahnlinie und so hat man die Chance die kilometerlangen Pilbara Iron-Züge der Minengesellschaft zu bestaunen und sie auch zu fotografieren.

Verlässt man Tom Price auf der Bingarn Road in nördlicher Richtung, trifft man nach 28 Kilometern auf die Nanutarra-Wittenoom Road. Links fahren und nach 150 Metern auf die Rio Tinto Access Road abbiegen. 107 Kilometer fährt man nun der Bahnlinie entlang, wo immer wieder kilometerlange Züge vorbeifahren. Auch für Nicht-Eisenbahnfans sind die endlos scheinenden Züge eine Attraktion. Die Roebourne-Wittenoom Road trifft mit der Rio Tinto Access Road zusammen und nach weiteren 28 Kilometern trifft man auf die Verzweigung zum südlichen Teil des Nationalparks.

Der Millstream Chichester National Park umfasst 2000 Quadratkilometer und ist in zwei Bereiche aufgeteilt. Im südlichen Teil befindet sich Deep Reach, erreichbar über die Pannawonica-Millstream Road. Deep Reach ist eine Oase, die durch den Fortescue River entstanden ist. Es ist, als ob man in eine ganz andere Welt eintaucht. Der Fortescue River führt ganzjährig Wasser und hat in der sonst trockenen Landschaft eine üppige Oase entstehen lassen.

Der Flusslauf ist von Fächerpalmen gesäumt und im Fluss schwimmen große Fische. Bei Deep Reach Pool gibt es schöne Picknickplätze, und wer sich den roten Staub abwaschen möchte, kann dies im Fortescue River tun. Wo Wasser ist, sind natürlich auch Insekten. Besonders Stechmücken lieben diese Umgebung und kommen abends in Scharen daher. Lange Bekleidung ist daher bei Dämmerung empfehlenswert.

Wenige Kilometer weiter gibt es erneut einen Abzweig, dieser führt zum Cliff Lookout. Von dort hat man schöne Aussichten auf die Chichester Range und den Fortescue River, der sich durch die trockene Landschaft schlängelt. Die nächste Station ist die Old Millstream Homestead, die sich in der Nähe des Miliyanha Campground befindet. Von der Homestead aus startet der 750 Meter lange Millstream Homestead Trail. Der Rundweg führt am Jirndawurrunha Pool (Lily Pond) vorbei. Eine wunderschöne Oase mit Wasserlilien, Millstream-Fächerpalmen, Eukalyptus, Akazien und Dattelpalmen. Eine weitere Wandermöglichkeit ist der Murlamunyjunha Trail zum Crossing Pool. Außerdem führt ein Wanderweg (4,8 km hin und zurück) bis zum Cliff Lookout. Für den Cliff Lookout Link Trail sollte man rund drei Stunden einrechnen.

Deep Reach Pool

Wetland Walk

Von der Homestead aus gibt es zudem den Snappy Gum Drive. Die Strecke führt durch malerische Landschaft mit Eukalyptusbäumen (Snappy Gums) und Spinifex-Grasfeldern. Es gibt Aussichtspunkte mit Sicht auf das Fortescue River Valley und auf wichtige Stätten der Aborigines. Der Snappy Gum Drive ist für 4WD-Fahrzeuge das ganze Jahr zugänglich und für 2WD, wenn dies entsprechend ausgeschildert ist. Die 20 Kilometer lange Panorama-Fahrt verbindet die Homestead mit der Pannawonica-Millstream Road. Für die Fahrt hin und zurück sollte man rund eine Stunde einrechnen.

Auf dem Weg zum Python Pool

Um zum nördlichen Teil des Nationalparks zu kommen, muss man zurück auf die Roebourne-Wittenoom Road. In nördlicher Richtung kommt nach 20 Kilometern erneut eine Verzweigung, dort kann man weitere 18 Kilometer auf der Roebourne-Wittenoom Road in nordöstlicher Richtung bis zum Python Pool fahren.

Das große, permanente Wasserloch ist umgeben von den Ausläufern der Chichester Range. Palmen spenden Schatten und auch einem erfrischenden Bad steht nichts im Weg. Allein schon die Fahrt bis zum Python Pool ist ein Highlight. Die unbefestigte Straße führt durch wunderschöne Landschaft mit rollenden Hügeln, die mit Spinifex-Gras überzogen sind. Zusammen mit der roten Erde ist der Kontrast wunderschön. So fällt es nicht schwer, sich in die Pilbara Region zu verlieben.

Python Pool

Tiger Eye, Campingplatz außerhalb von Tom Price

Fahrt zum Tiger Eye

Info

Lage: in der Pilbara im Nordwesten von Western Australia

Anfahrt: Die Rio Tinto Access Road erreicht man von Tom Price auf der Bingarn Road 28 km in nördlicher Richtung. Von Karratha sind es rund 15 km bis zur Rio Tinto Access Road.

Distanz: 353 km von Tom Price bis Karratha und 334 km von Tom Price bis Roebourne via Rio Tinto Access Road (inkl. Abstecher zum nördlichen und südlichen Teil des Millstream Chichester National Park)

Reisedauer: 2 bis 3 Tage

Öffnungszeiten: immer; bei Regen kann die Straße gesperrt sein.

Beste Reisezeit: Mai bis September

Eintritt: Tagespass für Millstream Chichester National Park 13 AUD pro Fahrzeug, 7 AUD für Senioren und Motorräder. Tagespässe erhältlich am Parkeingang. Es gibt auch Monats- und Jahrespässe, die für alle Nationalparks in Western Australia gültig sind.

Aktivitäten: wandern, baden, Tour durch die Eisenerzmine in Tom Price, 4WD-Trip auf den Mount Nameless

Unterkünfte/Camping:

- Free Camping bei der Hamersley Gorge oder Tiger Eye außerhalb von Tom Price (keine Infrastruktur)
- Camping im Millstream Chichester National Park: Miliyanha Campground mit Plumpsklo, Campingküche mit Gasherd, heißem Wasser und Barbecue; Stargazers Campground mit Plumpsklo und Gasgrill, 11 AUD Erwachsene, 3 AUD Kinder (5-16)

***Achtung*:** Permit für die Rio Tinto Access Road notwendig, online unter www.pilbararailaccessroad.riotinto.com, im Tom Price oder im Karratha Visitor Centre erhältlich.

32. Einzigartige Granitfelsen und Salzseen entlang der Hyden-Norseman Road

Die Strecke von Hyden nach Norseman ist bekannt als Granite and Woodlands Discovery Trail. Über 300 Kilometer verläuft die unbefestigte Hyden-Norseman Road durch flaches Gebiet im Nordwesten von Western Australia. Mit insgesamt 16 markierten Stopps und Informationstafeln erfährt man mehr über die Natur dieser Gegend. Die Landschaft mit den Wäldern, Granitfelsen und Salzseen ist einzigartig.

Wave Rock

Weizen dominiert die Landschaft bei Hyden

Die Hyden-Norseman Road startet beim bekannten Wave Rock. Viele Besucher kommen jährlich nach Hyden, um den markanten Felsen zu bestaunen. Dieser sieht aus wie eine riesige versteinerte Welle. Auf den ersten Blick vermutet man die Größe von rund 100 Metern Länge und 15 Metern Höhe nicht. Das Ausmaß des Granitfelsen erkennt man erst, wenn man oben steht. Dort ist auch die Mauer sichtbar, die an der Kante des Wave Rock in den späten 1920er-Jahren aufgebaut wurde. Diese hat den Zweck Regenwasser zu sammeln und in einen Stausee zu leiten. Dieser fasst rund 30.000 Kubikmeter Wasser. In Hyden gibt es aber nicht nur den bekannten Wave Rock, sondern auch den Felsen Hippo's Yawn und die Mulka's Cave.

Von Hyden führt die Hyden Norseman Road direkt in östlicher Richtung nach Norseman. Hyden gehört zum Wheat Belt, wo Weizen angepflanzt wird. Golden leuchtende Weizenfelder und auch Weideland dominieren die Landschaft. Die Teerstraße endet kurz nachdem man Hyden verlassen hat. Die folgenden 300 Kilometer bis Norseman erfolgen auf unbefestigten Straßen. Bei trockenem Wetter ist die Strecke für alle Fahrzeuge befahrbar. Der Granite and Woodlands Discovery Trail ist besonders im Frühling interessant. Wenn die Wildblumen blühen, verwandelt sich die Gegend in ein Blumenmeer. Je weiter östlich man kommt, desto weniger Weizen gibt es zu sehen. Dafür wird die Landschaft wilder und ändert sich ständig.

Disappointment Rock

Entlang des Granite and Woodlands Discovery Trail gibt es 16 Stopps mit Informationstafeln. Bei einigen Haltepunkten starten Wanderungen und andere bieten sich für ein Picknick oder zum Campen an. Wer auf der Hyden-Norseman Road unterwegs ist und sich alle 16 Attraktionen ansieht, kann gut einen ganzen Tag entlang der Strecke verweilen. Zu den Highlights gehören die Breakaways, McDermid Rock und Disappointment Rock, Lake Johnston und der Woodlands Trail kurz vor Norseman.

Den ersten Stopp sollte man unbedingt bei den Breakaways machen. Ein kurzer Spazierweg führt zu eigenartigen Felsformationen, die wie ein vereister Wasserfall aussehen. Beim McDermid Rock und Disappointment Rock gibt es kurze Wanderwege durch das Waldgebiet und auf die Graniterhebungen. Die markanten Felsen sind zwar nicht so bekannt wie der Wave Rock in Hyden, dafür kann man die Umgebung praktisch allein genießen. Äußerst lohnenswert ist auch der Besuch des Lake Johnston. Der Salzsee ist umgeben von rostroter Erde. Zusammen mit den Eukalyptusbäumen wirkt die Umgebung etwas kitschig. Die Picknick Area und Campsite sind perfekt, um eine Rast einzulegen. Besonders schön ist der Salzsee, wenn sich die Sonne dem Horizont nähert. Das Abendlicht lässt die intensiven Farben noch besser zur Geltung kommen. Der perfekte Abschluss des Tages ist am Lake Johnston zu campen und bei einem Lagerfeuer die Ruhe zu genießen.

Verlässt man den Lake Johnston in östlicher Richtung, folgen weitere 106 Kilometer auf unbefestigter Straße bis Norseman. Dort endet nach 300 spannenden Kilometern der Granite and Woodlands Trail.

Norseman

Aussicht vom Wave Rock

Salzsee außerhalb von Hyden

Info

Lage: Die Hyden-Norseman Road befindet sich im Wheat Belt im Südwesten von Western Australia.

Anfahrt: Hyden befindet sich 330 km südöstlich von Perth und 347 km nördlich von Albany, Norseman liegt 188 km südlich von Kalgoorlie und 204 km nördlich von Esperance. Die Hyden-Norseman Road kann man von West nach Ost oder umgekehrt fahren.

Distanz: 300 km

Reisedauer: 3 bis 4 Stunden ohne Stopp; idealerweise 1 bis 2 Tage mit Camping am Lake Johnston

Öffnungszeiten: immer; bei Regen kann die Hyden-Norseman Road gesperrt werden.

Beste Reisezeit: während der Wildblumenblüte im Frühling von September bis Dezember

Eintritt: Wave Rock 10 AUD pro Fahrzeug

Aktivitäten: Rundwanderungen beim Wave Rock (Hyden Rock Walk, 1,3 km; Wave Rock Walk Circuit, 3,6 km; Hippo's Yawn Loop, 1,7 km), mehr über die Natur lernen, picknicken und campen; kurze Wanderwege gibt es auch bei den Breakaways und dem Lake Johnston.

Unterkünfte/Camping:

- Wave Rock Caravan Park, Zimmer, cabins und Campingplatz vorhanden, Platz mit Strom 38 AUD, ohne Strom 30 AUD (inkl. Eintritt zum Wave Rock)
- Campingplatz und Zimmer in Norseman
- Besonders schön sind die kostenlosen Stellplätze am Lake Johnston.

Versorgung: Lebensmittel und Treibstoff in Hyden und Norseman

***Achtung*:** Kein Treibstoff zwischen Hyden und Norseman

Anhang

Was ist wichtig für einen Roadtrip abseits der ausgetretenen Pfade?
Was tun bei einer Panne?
Fahren im Sand

Auf dem Blue Rag Range Track

Anhang

Tipps und Informationen zur Vorbereitung für sicheres Fahren im Outback und abseits der ausgetretenen Pfade in Australien

Weg vom Touristenstrom zu reisen ist genial. Oft hat man die Natur ganz für sich allein. Um eine Reise abseits der Zivilisation rundum genießen zu können, ist eine gute Vorbereitung wichtig. Denn oft ist man abseits der ausgetretenen Pfade ohne Telefonempfang und Internet. Gibt es Probleme mit dem Fahrzeug, muss man sich selbst helfen können und genügend Proviant (Trinkwasser und Lebensmittel) dabei haben, sollte man länger auf Hilfe warten müssen.

Was ist wichtig für einen Roadtrip abseits der ausgetretenen Pfade?

- gute Reisevorbereitung und Planung
- das richtige Fahrzeug; je nach Strecke ist ein Geländewagen oder ein 4WD mit hoher Bodenfreiheit vorausgesetzt.
- gut gewartetes Fahrzeug
- Bergungsmaterial wie Abschleppseil, Schaufel, Sandbleche, Seilwinde
- Die wichtigsten Ersatzteile mitführen; auch wenn man ein Ersatzteil nicht selbst verbauen kann, andere oder Werkstätten können es allenfalls.
- bei Roadtrips über Privatland oder Land von Aborigine-Communities abklären, ob man eine Bewilligung braucht. Bei Strecken, die in diesem Buch beschrieben sind, finden sie diese Information im einzelnen Kapitel, sollte man ein Permit benötigen.
- zuverlässiges Kartenmaterial und Navigationsgerät
- Funkgerät für die Kommunikation mit anderen Fahrzeugen
- Satellitentelefon oder Notfall-Beacon (kann man mieten)
- Notfallapotheke und falls man rezeptpflichtige Medikamente benötigt, genügend Vorrat mitnehmen
- Familie oder Freunde über die Reisepläne informieren
- genügend Lebensmittel und Wasser (inklusive Notfall-Versorgung für extra 3 Tage)
- genügend Treibstoff (Reserve einrechnen)
- Feuerlöscher
- Versicherungsbedingungen prüfen; es gibt Strecken, die von der Versicherung ausgeschlossen sind.
- Wer mit dem Mietwagen unterwegs ist, sollte sich beim Vermieter erkundigen, welche Strecken gefahren werden dürfen. Viele erlauben

zum Beispiel die Fahrt auf dem Old Telegraph Track oder der Canning Stock Route nur unter bestimmten Bedingungen oder gar nicht.
- Wer 4WD-Strecken fahren möchte: Erfahrung im 4WD-Fahren muss vorhanden sein. Wer keine Erfahrung hat, sollte vorher an einem Kurs teilnehmen.
- Straßenkonditionen und Wetterprognosen vor Antritt des Roadtrips abklären
- Bargeld mitnehmen, Kreditkarten werden nicht überall akzeptiert.

Was tun bei einer Panne?

Idealerweise kennt man das Fahrzeug und kann die einfachen Probleme, wie einen Reifen wechseln oder eine Sicherung ersetzen, selbst lösen.

Bei einem Totalausfall des Fahrzeuges ist man meist auf die Hilfe von andern angewiesen. Die Regel Nummer 1 bei einem Totalausfall: Beim Fahrzeug bleiben! Das Fahrzeug wird besser gesehen als der Mensch allein, es bietet Schutz vor Naturgewalten und spendet Schatten.

Fahren im Sand

Für das Fahren im Sand (Strand, Sanddünen, sandiges Flussbett) gibt es eine einfache Methode, um einfach voranzukommen und ein Steckenbleiben zu vermeiden: den Reifendruck anpassen. Die Daumenregel „Weicher Untergrund, weiche Reifen; harter Untergrund, harte Reifen" hat sich bewährt. Wird der Reifendruck reduziert, werden die Reifen flach gedrückt und somit wird die Auflagefläche größer. Die Folge, die Reifen sinken weniger in den Sand. Je nach Reifen und Gewicht des Fahrzeuges ist der ideale Reifendruck unterschiedlich. Allgemein gilt, dass der Druck auf die Hälfte, manchmal sogar auf einen Viertel des Normaldrucks reduziert werden kann. Am besten langsam ausprobieren.

Besonders bei Sanddünen ist eine drastische Reduktion des Reifendrucks notwendig, um über die Düne fahren zu können. Wichtig ist auch, dass man danach die Reifen wieder aufpumpen kann. Ein Kompressor und ein Reifendruckgerät sind dabei unerlässlich.

Barbara Barkhausen
232 Seiten, 195 Fotos, 14,95 €
ISBN 978-3-947164-77-6

Online: 360grad-medienshop.de/Australien-New-South-Wales-Sydney

NEW SOUTH WALES MIT SYDNEY
50 Highlights abseits der ausgetretenen Pfade

New South Wales, in dem Sydney liegt, ist mehr als doppelt so groß wie Deutschland. In der Region, die neben der internationalen Metropole Sydney mit herrlichen Küstenlandschaften, klassischem Outback, Bergregionen, Inseln und Regenwäldern aufwartet, leben keine acht Millionen Menschen. Dieses Buch stellt 50 Tipps in der Stadt, in Nationalparks, im Outback und auf dem Land vor. Die Kapitel handeln nicht die Mainstream-Ziele ab, sondern präsentieren eher Perlen für Individualisten.

Reiselust geweckt?
© Tourism Western Australia
Seit 1994 verwirklicht Boomerang Reisen - Ihr Spezialist für Fernreisen - individuelle Reiseträume! Gerne stellen wir Ihnen Ihre persönliche und maßgeschneiderte Traumreise nach Western Australia zusammen. Unsere erfahrenen Reise-Experten kennen sich auch abseits der ausgetretenen Pfade bestens aus! Fordern Sie unverbindlich einen unserer vielen Kataloge oder ein persönlich für Sie ausgearbeitetes Reiseangebot in Ihr Traumziel an.
INFO@BOOMERANG-REISEN.DE • WWW.BOOMERANG-REISEN.DE
BOOMERANG REISEN
Spezialist für Fernreisen
WESTERN AUSTRALIA
EXPERIENCE EXTRAORDINARY

Reni und Marcel Kaspar sind in der Welt zu Hause. 2007 haben sie die Schweiz das erste Mal für längere Zeit verlassen. Nach einer achtmonatigen Reise durch Südostasien haben die beiden ihre Jobs im Marketing und Management gegen das Leben als Tauchlehrer in den Tropen eingetauscht. 2008 sind sie das erste Mal für acht Monate nach Australien gereist. Down Under hat ihr Herz im Sturm erobert und so sind sie 2013 und 2016 erneut zurückgekehrt. Drei Reisen, drei Jahre und 125.000 Kilometer haben sie in Australien verbracht. Viele davon auf einsamen Strecken im Outback und abseits der ausgetretenen Pfade. Seit Frühjahr 2018 reisen sie mit ihrem australischen 4WD-Camper rund um die Welt. Mehr davon auf ihrem Reiseblog swissnomads.ch.

Über das Buch

Australien ist ein vielfältiges und faszinierendes Reiseland. So erstaunt es nicht, dass jährlich mehrere Millionen Menschen den Roten Kontinent als Reiseziel aussuchen. Trotz der Beliebtheit gibt es unzählige Möglichkeiten, die Natur praktisch für sich allein zu haben. Wer mit dem eigenen Fahrzeug unterwegs ist, hat die besten Voraussetzungen, Australien abseits der ausgetretenen Pfade zu entdecken.

In diesem Buch finden Sie spannende Strecken in Australien, die durch wunderschöne Landschaften und das typische Outback führen. Sie finden eine Auswahl an Roadtrips für jedes Zeitbudget. Von der Durchquerung sandiger Wüsten und anspruchsvollen Offroad-Tracks durch den Regenwald bis hin zum kurzen Abstecher in die Berge von Victoria. Entdecken sie mithilfe dieses Buches Australien abseits der ausgetretenen Pfade. Einer unvergesslichen Reise steht nichts mehr im Weg.

ISBN: 978-3-947164-78-3

9 783947 164783

€ 14,95